教育部人文社会科学研究"立德树人视域下大学体育课程思政的逻辑、现况及进路研究"项目资助，项目编号：21YJA890035。

基于课程思政的大学体育与思想政治教育融合研究

杨嘉民◎著

武汉理工大学出版社

·武汉·

图书在版编目（CIP）数据

基于课程思政的大学体育与思想政治教育融合研究 / 杨嘉民著. -- 武汉：武汉理工大学出版社, 2024.12.

ISBN 978-7-5629-7255-6

Ⅰ. G807.4; G641

中国国家版本馆CIP数据核字第2024R8G658号

责任编辑：尹珊珊
责任校对：严　曾　　　排　版：米　乐
出版发行：武汉理工大学出版社
社　　址：武汉市洪山区珞狮路122号
邮　　编：430070
网　　址：http://www.wutp.com.cn
经　　销：各地新华书店
印　　刷：北京亚吉飞数码科技有限公司
开　　本：710×1000　1/16
印　　张：14.25
字　　数：226千字
版　　次：2025年4月第1版
印　　次：2025年4月第1次印刷
定　　价：96.00元

凡购本书，如有缺页、倒页、脱页等印装质量问题，请向出版社发行部调换。
本社购书热线电话：027-87391631　87664138　87523148

·版权所有，盗版必究·

前　言

"教育的根本任务是立德树人，培养德智体美劳全面发展的社会主义建设者和接班人。"随着科技的飞速发展和社会结构的深刻变革，社会人才竞争日趋激烈，对人才素质的要求也日益多元化。传统的高等教育模式往往侧重于知识传授与技能培养，而忽视了对大学生道德品质、人文素养、社会责任感和创新能力等综合素养的培育。课程思政作为一种全新的教育理念，强调将思想政治教育融入各类课程之中，实现知识传授与价值引领的有机统一，为高等教育创新指明了方向。体育作为高等教育的重要组成部分，不仅承担着增强学生体质、促进身心健康的重任，更在培养学生团队合作精神、公平竞争意识、坚韧不拔品格等方面发挥着不可替代的作用。大学体育教育与思政教育的深度融合，能够让大学生在体育活动中体验挫折与成功，学会尊重与包容，从而在实践中感悟人生哲理，树立正确的世界观、人生观和价值观。总之，面对新时代的新要求，大学体育与思想政治教育的融合显得尤为必要和紧迫。一方面，二者的融合可以丰富思政教育的内容与形式，使抽象的道德观念和价值理念在体育活动中得以具象化、生动化，提高思政教育的针对性和实效性；另一方面，二者的融合能够使体育教育的价值导向和育人功能在思政教育的引领下得以强化和升华，促进大学生全面发展，培养具有社会责任感、创新精神和实践能力的新时代人才。基于此，作者在参阅大量相关著作文献的基础上精心撰写了本书。

本书共六章，第一章解读大学课程思政，主要分析课程思政的内涵、价值、育人体系及其建立与发展。第二章是大学体育教育与思想政治教育的理论与时代发展，主要介绍大学体育教育与思想政治教育的基础理论，并在此基础上以新时代为背景重点探讨各自的革新与发展，包括新时代大学体育教育的使命与改革发展、新时代大学生思想政治教育主渠道建设与创新发展。第三章是大学体育的思想政治教育功能及其优化，首先说明大学体育具有哪些思想政治教育功能，然后分析这些功能的发挥情况，最后从实际出发提出优化与完善这些功能的建议与策略。第四章是大学体育教育与思想政治教育的融合探索，全面且系统地研究了大学体育教育与思想政治教育的内在关联、二者融合的价值与理论基础、二者融合的现状与实施策略，以及大学生思想道德素质的培养和体育教师思政素养的提升。第五章是大学体育课程思政建设与教学实施，重点对大学体育课程思政的内涵、建设理论、建设现状、建设质量评价、教学设计等展开详细研究。第六章从实践层面探索大学体育教育与思想政治教育融合的科学路径，着重对大学篮球、乒乓球、武术、健美操等体育课程与思想政治教育的融合路径展开研究。

  总体来看，本书主要以课程思政为指导思想，围绕大学体育与思想政治教育的融合展开系统研究，首先科学解读课程思政，以深入了解这一具有时代特色的教育新理念，其次分别就大学体育教育与思想政治教育在新时代的改革发展进行了探讨，并为二者的融合作了铺垫。接着，本书重点说明大学体育的思想政治教育功能，这是体育与思政教育能够融合的必要条件。最后，本书着重从大学体育与思政教育融合的理论与实施、基于深度融合的体育课程思政建设以及二者的融合实践等方面进一步展开深入研究，旨在通过深入剖析和广泛实践，为这一融合路径提供理论支撑、实践指导和经验总结。

  本书主题鲜明，结构合理，层次清晰，内容丰富，理论分析与实践研究有机结合，具有突出的学术性、逻辑性和实用性特征。希望本书能够为大学体育与思想政治教育的深度融合提供新视角、新思路、新方法，切实优化与完善大学体育课程思政育人体系，积极响应新时代育人理念，培养具有健康体质、高尚品德、扎实学识、创新思维和国际视野的高素质人才。

  本书在撰写过程中，参考了大量相关书籍和资料，在此向有关专家和学者表示敬意和感谢。由于水平所限，本书难免存在不足之处，欢迎广大读者批评指正。

作　者

2024年9月

目 录

第一章　大学课程思政解读　　　　　　　　　　　　　　　　1

　　第一节　课程思政的内涵　　　　　　　　　　　　　　　2
　　第二节　课程思政的价值　　　　　　　　　　　　　　　12
　　第三节　大学课程思政育人体系的建立　　　　　　　　　17
　　第四节　大学课程思政的建设与发展　　　　　　　　　　29

第二章　大学体育教育与思想政治教育的理论与时代发展　　　39

　　第一节　大学体育教育与思想政治教育基础理论　　　　　40
　　第二节　新时代大学体育教育的使命与改革发展　　　　　61
　　第三节　新时代大学生思想政治教育主渠道建设　　　　　69
　　第四节　新时代大学生思想政治教育的创新发展　　　　　74

第三章　大学体育的思想政治教育功能及其优化　　　　　　　83

　　第一节　大学体育思想政治教育功能概述　　　　　　　　84
　　第二节　大学体育思想政治教育功能的发挥情况　　　　　93
　　第三节　大学体育思想政治教育功能的优化与完善　　　　98

第四章　大学体育教育与思想政治教育融合探索　111

第一节　大学体育教育与思想政治教育的内在关联　112
第二节　大学体育教育与思想政治教育融合的价值与
　　　　理论基础　120
第三节　大学体育教育与思想政治教育融合的现状与困境　125
第四节　大学体育教育与思想政治教育融合的实施策略　129
第五节　大学体育教育与大学生思想道德素质的培养　141
第六节　大学体育教师思政素养的提升　145

第五章　大学体育课程思政建设与教学实施　151

第一节　大学体育课程思政的内涵与时代意义　152
第二节　大学体育课程思政建设的理念与原则　159
第三节　大学体育课程思政建设的现状与优化路径　164
第四节　大学体育课程思政建设质量评价　170
第五节　大学体育课程思政教学要素设计　178

第六章　大学体育教育与思想政治教育融合的实践探索　185

第一节　大学篮球课程与思想政治教育的融合　186
第二节　大学乒乓球课程与思想政治教育的融合　193
第三节　大学武术课程与思想政治教育的融合　202
第四节　大学健美操课程与思想政治教育的融合　209

参考文献　215

第一章　大学课程思政解读

课程思政作为高等教育领域积极响应习近平总书记关于新时代高校培养高素质人才的指导思想的实际举措，正引领着高校思想政治教育革新之路的探索。深化对课程思政本质内涵的认知，发掘其价值所在并探索实施策略，对促进高校课程思政工作的纵深发展具有极其重要的作用。本章主要对大学课程思政这一具有中国特色的原创性问题进行研究，内容包括课程思政的内涵与价值、大学课程思政育人体系的建立，以及大学课程思政的建设与发展。

第一节　课程思政的内涵

一、课程思政的含义

（一）课程思政的概念

2016年12月，习近平总书记在全国高校思想政治工作会议上发表重要讲话。他强调："要坚持把立德树人作为中心环节，把思想政治工作贯穿教育教学全过程，实现全程育人、全方位育人，努力开创我国高等教育事业发展新局面。""要用好课堂教学这个主渠道，思想政治理论课要坚持在改进中加强，提升思想政治教育亲和力和针对性，满足学生成长发展需求和期待，其他各门课都要守好一段渠、种好责任田，使各类课程与思想政治理论课同向同行，形成协同效应。"[①]这是党中央面对新挑战，为思想政治理论教育指明的高屋建瓴原则与导向，也为厘清高校思想政治理论课程与其他学科课程间的关系设定了新的实践标准。在此指引下，上海市率先启动课程思政改革试点，随后这一改革举措逐步在全国各地推广开来。

课程思政是一种将各学科与思想政治理论课并肩前行、共同协作的教学形式，主要目的是将"立德树人"这一教育理念融入全学科中，在进行知识教育的同时也要融入素质教育，全面提升学生的综合能力。[②]该理念基于我国现实国情及青少年成长特点而提出，旨在培育既具备专业知识技能，又拥有高尚品德，能够积极服务社会、贡献国家的复合型高素质人才，对推动我国人才培养模式的创新性发展具有深远意义。

[①] 习近平谈治国理政（第二卷）[M].北京：外文出版社，2017：376.
[②] 陈华栋，等.课程思政：从理念到实践[M].上海：上海交通大学出版社，2020：2.

（二）正确认识课程思政

课程思政并非特指某一门或某一系列课程，而是一种深植于教育实践中的全新理念，致力于打造一个全员参与、全程覆盖、全课程融入的育人生态系统。它旨在促使各类课程与思想政治理论课程方向一致、协同作用，共同承担起"立德树人"这一教育的根本使命，形成一种综合性、系统性的教育观念。在此理念下，不论是哪个学科的知识传授，都蕴含着思想政治教育的内涵；任何教学活动，都不忘培育学生品德的重任；每位教师，都是"立德树人"使命的践行者。这标志着教育模式从单一的思想政治课程转向一个跨越专业限制、学科界限、课程体系的广泛思政与德育融合，实现了从"局部课程育人"到"全方位课程育人"的升级。课程思政不仅超越了传统思政课程的范畴，也不仅仅是课程内容与思政教育的简单叠加，还是着眼于培养符合中国特色社会主义要求的建设者和接班人，是一场涉及育人观念、教育使命、教学方法及课程设计理念的全方位教育转型。

课程思政的核心在于将思想政治教育的精髓——理论知识、价值导向与精神追求等要素，深度融合到每一门课程的教学内容与实践中，以此潜移默化地塑造学生的思维方式与行为习惯。"课程思政"模式实质上是将原本集中在思想政治理论课程的思想政治教育"主阵地"拓宽至所有课程，成为实现"思想政治工作贯穿教育教学全过程"目标的关键路径，确保思想政治工作无缝嵌入学科体系、教学内容、教材编纂及管理机制的每一个环节。它代表了一种教育理念，即通过高校各专业课程来实施思想政治教育。

具体而言，首先，课程思政是一个综合体系，旨在构建一个涵盖思想政治教育目标设定、内容整合、实施手段与教学方法的完整框架，而非局限于某一门单独课程。其次，其适用范围广泛，覆盖所有基础课程与专业课程，甚至触及那些非正式、无形的"隐性课程"，故而传统的思政课程并不构成课程思政研究的直接对象。再次，课程思政的研究重点聚焦于如何在教育实践中有效落实思想政治教育，是实现全员、全过程、全方位育人目标的重要实践工具。最后，课程思政不仅是对教育理念的重大革新，作为新兴的思想政治教育理念与课程教学理念的结合体，它为当前课程教学改革提供了深远的指导意义和价值导向，推动着教育体系向更加全面、深入的育人模式转变。

课程思政也是一种思维方式，要求教师在日常教学活动中，有意识、有策略且高效地融入思想政治教育内容，这不仅仅是知识点的传授，还是价值观的塑造。在课程设计的宏观层面，应将培养学生的思想政治素养置于首要位置，并巧妙融合到专业知识传授与技能发展中，确保二者相辅相成，共同促进学生的全面发展。值得注意的是，课程思政并不是要削弱专业课程的本质特征，也不是简单地将所有课程改造为类似于传统思政课程的形式，而是旨在挖掘和激发每门课程内在的德育潜能。通过运用学科特有的思维方式，深入挖掘专业课程背后的文化底蕴与价值导向，将这些元素转化为传播社会主义核心价值观的生动实例和有效媒介。在这一过程中，知识的传授与精神的滋养得以自然融合，如同春雨般悄然无声地滋润学生的心田，引导他们在获取专业知识的同时，树立正确的世界观、人生观和价值观。

课程思政作为一种教育理念和实践策略，旨在通过思想引领和价值观的内化，为课程教学改革赋予灵魂与导向，将原本可能仅侧重知识传递的教育过程转变为既注重知识技能培养又重视价值塑造的全面发展路径。它不仅仅是在教学内容上做简单的叠加（加法），而且是一种更为深刻的教学方法论转变。

（三）课程思政与思政课程的区别

为了深入理解课程思政的内涵，明确其与思政课程的区别至关重要。简言之，课程思政强调的是一种教育理念与实践策略，即在各类非专门思想政治理论课程中融入思想政治教育元素，形成一个广泛覆盖、相互协同的教育体系，而非特指某一门课程或课程群。思政课程则是指明确定义的思想政治教育课程，如高中阶段的思想政治课及义务教育阶段的道德与法治课程，专注于直接传授思想政治教育知识。

若将思政课程视作通过专门课程实施思想政治教育的体系，则课程思政与思政课程相辅相成，共同构成了学校全面思想政治教育的两大支柱。它们虽共享育人这一核心目标，但在性质、侧重点及对课程内容与育人功能的影响上有着显著差异。

首先，性质上的差异。思政课程作为名词，代表一类特定的课程类型，而课程思政则体现为一种动态的过程，强调在非思政课程中巧妙融入思政教育内容，通过行动实践"全程育人、全方位育人"的理念。

其次，侧重点的不同。思政课程的焦点在于"思政"，即以专门的思想政治教育课程为核心，开展系统的理论教学；而课程思政则以"课程"为核心，这里的课程概念更为宽泛，包括所有能够承载思想政治教育元素的课程，通过渗透式教学实现价值观的培育。

最后，课程思政是对课程内容与育人功能的创新。课程思政代表了一种教育内容和育人模式的革新，它利用非思政类课程作为载体，创造性地融入思政教育，不仅丰富了课程内容，也深化了课程的育人功能，是对传统课程体系的全面升级。思政课程作为基石，与课程思政相互支持，二者如同车辆的双轮、鸟类的双翼，协同作用，共同促进学生形成正确的世界观、人生观和价值观，培养全面发展的人才。

二、课程思政的本质

课程思政的本质是对教育本质的深刻回归与创新实践，其核心在于将教育的首要目标定位为"立德树人"，强调教育不仅仅是知识的传授，而且是价值观的塑造和人格的培养。它并非单纯增加课程或活动，而是一种深层次的课程观革新，以习近平新时代中国特色社会主义思想和社会主义核心价值观为引领，确保教育过程中的每一步都服务于培养社会主义合格建设者和可靠接班人的目标。

在当前社会背景下，由于工具主义思潮的盛行，学科专业化和细分化趋势导致教育领域出现了知识传授与价值引领的割裂，教育体系内部出现了某种程度的碎片化。课程思政的提出正是对这一现状的积极回应，旨在打破学科壁垒，恢复教育的整体性和连贯性，强调所有教育活动的最终指向都应是促进学生全面发展，尤其是道德品质的培养。

这一理念根植于中华民族悠久的教育传统，即"育人先育德"，体现了教育过程中道德教育与知识传授的不可分割性。中国共产党历来重视学校德育和思想政治工作，将其视为教育工作的生命线，尤其在党的十八大以来，将"立德树人"确立为教育的根本任务，凸显了思想政治教育在培养时代新人中的基础地位和关键作用。

课程思政的实施，是通过将思想政治教育与各类专业课程教育有机融合，形成一个全员、全过程、全课程参与的育人体系。它不仅要求在专门的思想政治理论课中加强教育，还强调在其他所有学科中融入思想政治教育资源，以课程为载体，实现全方位的德育渗透。这不仅是一种教学方法的革新，也是一种教学理念的重塑，倡导教师以德立身、以德施教，注重引导学生形成正确的世界观、人生观、价值观，同时传承和发扬中华优秀传统文化，培养具有坚定国家观念、民族认同、历史自觉和文化自信的新型人才，为中国特色社会主义事业提供强大的人才支撑。

总之，课程思政的本质，是对教育回归其本原使命——"立德树人"的现代诠释和实践探索，是教育理念、教学体系和教育方式的综合体现，旨在通过教育的全面革新，培养出德智体美劳全面发展的社会主义建设者和接班人。

三、课程思政的内容

（一）思政课程

思政课程作为我国精神文明建设的关键组成部分，在高等教育阶段承担着举足轻重的考核职能。这类课程旨在通过知识传授的过程，促进学生政治认识与道德素质的双重提升，不仅明确了学习实践与行为规范的标准，还渗透到了学生的日常行为准则中。它鼓励学生在浩瀚的信息海洋中学会甄别与筛选，坚定维护中国共产党的领导地位，坚定不移地走中国特色社会主义道路，无论在学习还是生活中，皆成为遵守法律、维护纪律的楷模。大学生步入校园，已半只脚踏入社会，校园生活给他们带来集体归属感，思想政治教育在此背景下尤为强调集体主义精神的培养，引导学生将集体利益置于个人得失之上，树立大局观。基于马克思主义理论构建的思政课程体系，不仅是我国精神文明建设的强大推动力，也为造就新一代合格人才树立了鲜明的导向标。

（二）专业课程

专业课程作为课程思政的另一支柱，其重要意义不仅限于专业知识与技能的直接传授，更在于其作为培养个体社会责任感与历史使命感的宝贵土壤。在专业课程的教学设计中，教师需精心策划，将思想政治教育内容与专业知识有机融合。例如：在经济学课堂分析市场经济机制时，穿插讨论经济行为的社会责任；在法学教育中，不仅讲授法律规则，还深入探讨法律精神与社会道德的相互作用；工程及技术类课程则在强调技术创新的同时，引导学生思考科技进展与伦理道德的平衡。通过这种方式，学生不仅掌握专业领域的核心知识，还能深刻领悟其专业与社会发展的紧密联系。

（三）通识教育与综合素质课程

通识教育与综合素质课程构成了课程思政框架下的又一关键板块，它涵盖了超越专业课程与直接思想政治教育以外的公共基础课程和广泛通识内容。此类课程通过融入时事热点分析，深化知识传授的同时，强调其内在价值与社会意义，旨在全面提升大学生的知识获取能力，培育其人际交往智慧与实践策略。更重要的是，促进学生良好品德与健全人格的形成，以期达到综合素质教育的最优化成效。与思政课程和专业教育相比，通识教育与综合素质课程展现出更强的灵活性与多样性，要求教师灵活调整教学内容，激发学生兴趣，巧妙地在丰富知识传授与能力培养的过程中，自然而然地融入科学精神、人文关怀及正确的价值导向。

（四）第二课堂

第二课堂或称为"课外实践活动"，是超越传统教室界限的教学实践环节，它不受固定课程计划的限制，具备高度的灵活性和自主性，可根据教学目标和学生需求灵活调整内容与进度。作为课程思政不可或缺的一部分，第二课堂为深化思想政治教育、践行"立德树人"宗旨提供了广阔舞台。它不仅补充了第一课堂的理论教学，更为学生提供了将理论知识应用于实际、在实践中学习和成长的机会。第二课堂活动形式多样，包括但不限于志愿服务、社会实践、文化体验、科研创新、线上学习等，并充分利用现代信息技术和广受欢迎的平台，以吸引学生主动参与，促进其思想政治教育与道德素质培养的内化吸收与外在展现。通过这些活动，学生能在真实的社会情境中锻炼能力、增进理解、塑造价值观，实现知行合一，成长为既有深厚专业知识又有高尚道德情操的全面发展人才。

四、课程思政的特性

（一）广泛性

课程思政着重于将思想政治教育融入每一门课程的教学之中，力图在所有教学环节中实践全员、全过程、全方位的"三全育人"理念，为我国高等学府的教育革新铺设新路径。当前，尽管"毛泽东思想和中国特色社会主义理论体系概论"以及"思想道德与法治基础"是思想政治教育的主要课程，但它们在课程体系中的比重有限，且通常采取大规模班级授课，导致教学互动性和实践受限。相反，专业课程因占据培养方案的主体部分，并倾向于小班授课，获得了学生的高度评价，展现出显著的优势。将课程思政嵌入专业课程之中，不仅能利用其广泛的课程覆盖与深厚的教学基础，激发学生对思想政治内容的兴趣，还能凭借专业课程的独特性质，实现思想政治教育与专业知识的深度融合，增强教育的吸引力与实效性，推动"三全育人"目标的达成。

（二）外显性

课程思政的外显性特征聚焦于教育体系的衔接性、贯通性、创新性及理论夯实性，具体阐释如下几个方面。

第一，一体化衔接特性。这一特征强调在课程思政实践中，需跨越专业壁垒、学历层次与教师队伍的界限，促进思想政治教育在多维度间的一体化融合。其目标在于消除认知差异，明晰教育定位，通过统一战略与分步实施，推动高校思想政治教育工作的系统性进步，确保不同背景下的学生都能接受到协调一致的思想政治引导。

第二，内部贯通特性。此特征关注的是思想政治教育在高校各层级、各环节间的无缝对接，从管理决策到教师执行，再到学生参与，乃至课程内容设计，都应保持高度的内在一致性与协同性。它要求各个环节不仅要紧密相连，还要能动态适应，确保信息畅通无阻，各方协作高效，共同营造一个开放交流、协调运行的教育环境。

第三，体系创新特性。强调根据高校的实际情况、地域特色、专业特点等，灵活设计和实施思想政治教育模式，避免"一刀切"的做法。这意味着课程思政要具备高度的适应性和创造性，能够因地制宜、因时制宜、因材施教，形成多元化、个性化且高效的教育体系。

第四，理论夯实特性。着重于思想政治教育内容的理论深度和学术支撑，要求教育材料与活动不仅是停留在表面的说教，而是要根植于深厚的哲学社会科学理论土壤中。通过理论研究与创新，为课程思政提供坚实的基础和前沿的视角，确保教育内容既具有时代感又不失理论的严谨性，从而更好地引导学生形成正确的世界观、人生观和价值观。

（三）隐教性

课程思政的隐教性特点主要体现在以下两方面。

第一，隐含素养与思政元素的深度挖掘。这一特点在于巧妙地从专业课程的丰富内涵中提炼出与思想政治教育相契合的素养要素，如职业道德、社会责任、创新思维等，使之自然融入教材内容与教学设计之中。这种融入不突兀、不生硬，使学生在掌握专业知识的同时，无意识地吸收社会主义核心价值观的精髓，从而促进其全面发展，成为既有专业技能又有高尚品德的人才。这一过程如同在知识的土壤中播撒思想的种子，让其悄然生长。

第二，教师的隐形引导与情境教学。在专业课教学中，教师扮演着关键角色，他们通过精心设计教学策略，将思政教育融入案例分析、问题探讨、实践操作等环节，利用专业领域内的历史人物事迹、行业伦理案例、技术革新故事等素材，让学生在探索专业奥秘的同时，受到正面价值观的熏陶。这种"润物细无声"的教育方式，使得学生在积极参与、主动思考的过程中，逐步建立正确的世界观、人生观和价值观，形成个人的理想信念，而不只是被动接受灌输的知识点。这种隐性教育的力量在于它能够激发学生的内生动力，让思想教育成为一种自发的需求和成长的一部分。

（四）融合性

课程思政的核心在于无缝融合专业教育内容与思想政治教育资源，构筑一座知识传授与价值引领的桥梁。教师在编排课程内容时，匠心独运地依据专业特性和行业发展脉络，深入剖析学科知识中蕴含的教育价值，巧妙地将这些思政养分通过多元化的教学手段融入日常教学，促使学生在深化专业知识理解的同时，实现思想政治素质的同步提升。此过程不仅要求将专业技能的培养目标（即理论知识的实践应用能力和专业技术的娴熟掌握），与思想政治教育的素养目标（包含但不限于塑造正确的世界观、强化职业道德观念），以及培养成为有责任感的社会主义事业继承者紧密结合，还强调两者相辅相成，共同促进学生形成积极向上的学习态度和勇于探索的学习精神。

外显性与隐教性思想政治教育路径虽在表现形式、教育策略及实施要求上各有侧重，但它们在服务于大学生思想政治教育的根本宗旨和政治导向上保持着高度的一致性，都是致力于在新的时代背景下，以更全面、更深刻的方式培育大学生的思想政治意识与综合素养，为国家和社会培养出既具专业技能又怀揣坚定信仰的高素质人才。

（五）渗透性

课程思政在实现培养德才兼备人才的使命中，超越了单纯依赖思想政治课程的局限，转而倡导各学科间的协同联动，捕捉专业课程教学的每一个适当时机，有机融入与专业紧密相关的思政内容。比如，在教授自然科学的法则、科研成果时，自然而然地引入科学精神的培养、探索未知的勇气及奉献精神的弘扬。同时，诸多自然科学原理亦能跨学科地应用于人文社科领域，乃至引导学生的社会行为准则。这些蕴含于专业教育中的思政资源，构成了课程思政的沃土，它们与专业知识相互交织，深度融合。课程思政的实践，不是机械的理论灌输过程，而是采取了一种更为细腻、温和的方式，在专业教学中悄悄播下思想教育的种子。从这个角度来看，课程思政本质上是对核心价值观与正确理念的滋养与传递，其教育方式宛如春雨般无声地滋润心田，展现了高度的渗透力。

（六）创新性

课程思政作为新时代教育改革的重要探索，体现了对传统教育模式的超越与创新，旨在应对教育领域的新挑战与需求。它不仅传承了知识传授的基本功能，更是在此之上开创性地强调价值观培育与专业知识教学的深度融合，通过创新教学方法与内容设计，将思想政治教育的精髓自然融入各科知识的传授之中，旨在全方位提升学生的综合素养，特别是思想政治素养。这一过程不仅是对教学实践的革新，也是教育理念的飞跃，旨在填补专业教育在人格培养方面的空白。课程思政的创新发展强调针对性与灵活性，鼓励各高校根据自身的实际情况，挖掘特色，总结经验，构建一套既符合普遍规律又独具一格的课程思政体系。这包括但不限于教材内容的创新，使之更加贴近时代脉搏，反映社会需求；制度机制的创新，确保课程思政的可持续发展与实效性；教学方法的创新，如采用案例教学、项目驱动、翻转课堂等多种形式，激发学生的学习兴趣与主动性，引导学生在探索与实践中形成正确的价值判断和道德观念。

近年来，众多高校在这方面进行了积极尝试，通过定制化、特色化的路径，实现了课程思政与专业课程的有机融合，不仅促进了学生的全面发展，还有效提升了学校的教育教学质量，为培养符合新时代要求的高素质人才奠定了坚实的基础。

第二节 课程思政的价值

一、实施课程思政的时代价值

课程思政理念的提出，标志着高等教育领域对新时代教育需求的深刻理解和积极回应，它不仅是对传统教育模式的革新，更是高等教育现代化进程中的重要里程碑。新时代课程思政理念的提出具有以下时代价值。

（一）实施课程思政是落实我国教育方针的迫切需要

高等学府作为培育英才的摇篮，面对"培养什么样的人、怎样培养人、为谁培养人"这一系列根本性问题，其答案直接关系到教育的导向与本质。我国高等教育的发展路径必须立足国情，彰显社会主义特色，确保教育目标与国家现实需求及未来发展愿景紧密契合。课程思政理念，即在课程中融入思政教育，使课程成为思政教育的载体，开辟了思想政治教育的新路径与模式。这一理念深刻反映了国家与人民的共同意愿，忠实践行服务人民、坚持党的领导、巩固中国特色社会主义制度及助力改革开放和现代化建设的宗旨，对于贯彻我国教育方针，不仅具有重大的现实意义，也富含深远的理论价值。它不仅是高等教育适应新时代要求的迫切需要，也是推动教育高质量发展，培养符合国家发展需求的新型人才的战略选择。①

（二）实施课程思政是实现我国高等教育根本任务的现实需要

作为中国共产党领导的社会主义国家，我国教育的根本任务在于培育忠诚的社会主义建设者和接班人，这些人才应当是坚决拥护党的领导、矢志不渝地投身中国特色社会主义事业的栋梁之才。为了完成这一使命，强化思想政治工作显得尤为重要，要求所有课程协同思想政治理论课，各司其职，共同耕耘，形成教育合力，这是"课程思政"理念的本质内涵与实践导向。

实施课程思政意味着在传授专业知识与技能的同时，深入发掘课程中的思想政治教育资源，强化正面价值观的引导和思想层面的塑造，积极推广社会主义核心价值观，深化爱国主义情感，牢固确立大学生的理想信念，确保每门课程都能成为塑造学生正确世界观、人生观和价值观的阵地。这一举措旨在确保高等教育的每一步都指向同一个目标——培养出既具备专业技能又拥有坚定政治立场的高质量人才，以实际行动践行我国高等教育的根本任务，为国家的长远发展贡献力量。

（三）实施课程思政是确保"三全育人"理念的实践需要

我国教育的根本目标在于培养德、智、体、美、劳全面发展的个体，其中，德的培育居于首位，道德品质与思想观念是教育价值导向的核心，关乎人才培养的根本。因此，强化思想道德教育，必须依托"全员、全过程、全方位"的"三全育人"理念，汇聚全校上下、各个方面的力量，实现从学生入学至毕业的全周期、学习生活的每个角落以及每位教育者的全面参与，以期获得实质性的教育成效。

课程思政的实践正是对"三全育人"理念的有力践行。它不仅扩大了育人主体的范围，确保每一位教师、每一门课程都能参与到育人过程中，而且

---

① 温瑞，常建莲，郑好莉.新时期高校思想政治教育研究[M].北京：九州出版社，2021：36.

深化了育人过程的内涵，将思想政治教育融入课程教学、实验实训、专业实习等各个环节，实现了育人内容与方式的全面覆盖。这一模式颠覆了以往将思想政治教育局限于特定教师或组织的传统观念，通过课程的全链条设计、教学活动的全角度渗透，使得教书与育人完美结合，教师不仅传授专业知识（做"经师"），更注重培养学生的人格品德（做"人师"），在知识与技能的传递中，潜移默化地融入思想道德教育，从而提升教育的整体质量和学生的综合素养。

（四）实施课程思政是学科本位向教育本位理念转变的需要

高等教育机构的人才培养通常围绕特定专业展开，传统模式往往偏重专业知识与技能的传输与训练，尤其在就业市场日趋激烈的今天，对专业能力的重视尤为凸显，这背后反映的是学科知识与技能至上的教育理念。然而，专业教育的深层含义远不止于此，它还应涵盖精神层面的培育，如爱国情感、责任感、人文关怀、科学精神、职业道德及职业态度等，这些构成了人的核心素养，是决定一个人为何而学、为何而用的关键所在。专业技能教育让人成为某一领域的专家，而精神与价值观的教育则使人在成长过程中全面发展。

课程思政的推行正是通过在专业课程中发掘思政教育资源，结合专业知识教学进行引导，使大学生在学习专业知识的同时，能深切感受到学科背后的人文意蕴与魅力，从中领悟做人的真谛，明确个人与职业发展的正确方向，进而在内心深处认同并尊崇职业精神与工匠精神，加深对所学专业的认识、认同及尊重，实现从单一的学科知识传授向全面教育目标的转变。这一转变不仅是教育理念的革新，更是教育重心从学科本位向人的全面发展倾斜的具体体现，有利于提升专业教育的质量，真正践行"以人为本"的教育理念，培养出既精通专业又具备高尚品格的高素质人才。

二、课程思政的育人价值

在全球化与社会经济快速转型的背景下，不同文化和价值观的碰撞对学生的观念塑造构成了复杂挑战。学生在关键成长阶段易受多种观念影响，有时可能会追求不利于其身心健康的价值取向，从而削弱其积极向上的动力，甚至催生极端的功利心态。鉴于此，高校作为塑造人格与价值观的主阵地，必须积极引导学生树立正确的人生观与价值观，激励他们树立崇高理想，并为之不懈奋斗，实现个人价值与社会贡献的统一。为了有效应对这些挑战，培养符合经济社会发展需求的高质量人才，高校必须整合教育资源，创新教育理念和方法，促进教学与育人的深度融合。课程思政正是这样一种创新模式，它通过将思想政治教育与专业教育有机结合，不仅传授知识，更在潜移默化中培养学生的道德情操与价值观念。学科课程天然承载着教育与育人的双重职责，课程思政的实践则进一步强化了这一点，使学生在学习专业知识的同时，能够内化正确的价值导向，形成情感共鸣，确保知识学习与价值塑造并进。相较于传统仅侧重知识传授的课程，课程思政更注重在专业学习中融入价值观教育，帮助学生在理解、吸收知识的基础上，正确运用专业知识服务于社会进步，而非成为社会发展的阻力。它强调知识、技能与道德的同步提升，彰显了教育在促进个体全面发展中的核心作用。

下面具体分析课程思政的育人价值。

（一）传递社会主义核心价值观

课程思政要求将社会主义核心价值观深植于学生心中。这不仅仅是知识的传授，更是精神的塑造与信念的培养。教师在此过程中扮演着至关重要的角色，他们不仅是知识的传递者，更是价值观的示范者。要有效地引导价值观的传播，教师需具备坚定的信仰、真诚的态度、严谨的治学精神，采用创新多样的教学方法，成为学生心中的"人师"，而不仅仅是"经师"。

在当前信息爆炸的时代，新媒体和互联网的广泛覆盖让各种思想观念交织碰撞，对学生的价值观形成构成复杂影响。此时，教师树立正确和稳固的价值观尤为重要，它如同灯塔，指引学生在信息海洋中辨明方向，抵制不良思潮的侵蚀。教师通过结合理论讲授与实践活动，使学生能够在亲身体验中深化对社会主义核心价值观的理解，认识到其作为国家发展和个人成长基石的重要性。这一过程不仅增强了学生对正确价值观体系的认同感与自信心，还激发了他们以人民为中心、积极参与社会服务、为国家发展贡献青春力量的热情。

（二）培养学生深厚的家国情怀

家国情怀根植于悠久的历史文化的土壤之中，是个人身份认同与社会责任感的集中体现，它鼓励个体将个人命运与国家兴衰紧密相连。在课程思政的教学实践中，强调家国情怀的培养，旨在通过教育的力量，让学生深刻理解个人成长与国家发展之间的内在联系，从而内化为一种自觉的情感与行动导向。

教师应当成为家国情怀教育的践行者和传播者，巧妙地将这种情怀融入日常教学内容之中，不仅教授专业知识，更注重情感与价值观的熏陶。例如，通过讲述中国历史上的英雄事迹、现代科技创新的突破，以及在重大事件中展现的民族团结力量等，让学生感受到身为中华儿女的自豪与责任。这样的教学策略，不仅丰富了学科知识的传授方式，更是在学生心中播下了爱国爱党的种子，激励他们在面对挑战和机遇时，能够以国家利益为重，勇于担当。

此外，通过组织参观爱国主义教育基地、参与社会实践和志愿服务活动等，让学生在实践中体验家国情怀的真谛，进一步增强他们的责任感和使命感。这种理论与实践相结合的方式，让学生能够在真实情境中学习和成长，更加深刻地体会到个人梦想与国家发展蓝图之间的紧密联系，从而在未来的道路上，无论身处何方，都能心系祖国。

（三）培养学生的科学精神

科学精神作为现代社会不可或缺的认知态度与价值取向，不仅关乎对知识的探求与积累，更体现了对真理的执着追求和对未知世界的勇敢探索。在课程思政框架下培养学生的科学精神，意味着在传授专业知识的同时，强调理性思考、实证研究、批判性分析以及创新创造的重要性。

  教师应充分利用课程内容，回顾科学发现的历史脉络，展示科学理论从假设提出到验证确立的艰辛历程，以此激发学生对科学探索的热情和对科研诚信的尊重。通过分析科学家的事迹，特别是他们在逆境中坚持真理、勇于创新的精神，可以有效培养学生面对困难不退缩、对知识保持敬畏之心的坚定意志。同时，将马克思主义哲学的基本原理，如辩证唯物主义与历史唯物主义，融入课程讲解，帮助学生建立科学的世界观和方法论，使他们学会用发展变化的眼光看待问题，运用逻辑严谨的方法分析问题，培养出既脚踏实地又敢于质疑、勇于创新的科学素养。

  此外，课程思政还应鼓励学生参与科学研究项目、学术讨论和社会实践，通过亲身体验来深化对科学方法的理解与应用，培养严谨求实的工作作风和团队协作能力。在这一过程中，学生不仅能掌握科学研究的具体技能，还能形成尊重事实、崇尚理性的科学态度，以及提升面对复杂信息时独立思考、理性判断的能力。

  总之，课程思政在培养学生科学精神方面发挥着不可替代的作用，它不但关乎科学知识的传授，而且更重要的是将科学精神与人文关怀相融合，为培养适应时代需求、具备创新意识和实践能力的高素质人才奠定了坚实的基础。

第三节　大学课程思政育人体系的建立

  在当今时代背景下，课程思政的实施不仅仅局限于传统的思政课堂，而是贯穿于高等教育的全课程体系中，旨在构建一个"大思政"格局。这意味着无论是专业课程的教学，还是校园文化的营造，乃至社会实践、志愿服务等第二课堂活动，都应融入思想政治教育的元素，形成课程思政与思政课程全方位协同育人的效应。

一、建立课程思政与思政课程全方位协同育人体系的科学理念

（一）强化价值引领

价值引领在教育过程中扮演着引领方向和激发动力的关键角色。在全球化和技术革新的背景下，强化社会主义核心价值观的导航作用，不仅是抵御多元文化冲击、维系国家意识形态统一性的关键策略，也是激发民众形成强烈"国家认同"和深沉爱国情感的源泉。当一个集体内部凝聚着鲜明的价值共识时，更能有效强化成员的角色定位，界定清晰的责任范畴，增强集体的向心力和自信心。相较于其他社会与自然科学，思想政治教育的独特之处在于其聚焦于观念、思想等精神层面的塑造与转化，旨在通过知识的内化吸收与行为的外显实践，实现个体的全面发展。因此，在构建全方位协同育人的体系中，必须深刻领会价值引领的核心地位。

创建大学全链条思政育人体系，首要任务是确立一套普遍认同的价值准则与导向，确保"立德树人"这一根本任务贯穿所有教育实践的始终，牢牢把握正确的教育导向。这一过程中，应将学生和教师视为核心主体，在共鸣与共情的基础上，强化二者对自身在思政教育中角色的认识，搭建情感交流的桥梁，激发每位主体的能动性，同时保证育人体系既富有活力又遵循规范，确保其沿着正确的轨迹向前推进。

（二）挖掘资源功能

思想政治教育是一个多维度、多层面交互作用的复杂体系，远远超出了单一课程或教师教学的范畴，它嵌入于大学教育的每一个角落，涉及教

学、管理、文化、实践等多个环节。遵循马克思主义系统理论，我们认识到任何系统的效能取决于其组成部分的协同作业及其合理的结构布局。这就要求我们在构建大学全方位思政育人体系时，采取全局视角，关注系统的层次性与关联性，通过精准识别和整合各类教育资源，实现教育资源的最优配置。在这一过程中，首先需深度挖掘和整合校内外一切可能服务于思政教育的资源，这包括但不限于专业课程的思政元素、校园文化活动、网络教育资源、社会实践基地等。通过细致的评估与梳理，不仅要拓宽思政教育的实施路径，还要创新教育形式和手段，确保思政教育能够无缝隙、不间断地融入学生的学习与生活，形成全时空、全链条的育人环境。同时，应重视资源的创新性利用，如利用现代信息技术打造智慧思政平台，或通过校企合作、社区联动等形式拓展实践教育资源，以提高教育资源的使用效率和效果。通过"共建共享"的机制，不仅可以增加思政教育资源的供给量，还可以提升资源的利用质量和效益，确保每一项资源都能在其最适合的位置发挥最大的育人效能，从而使整个思政育人体系不仅理论可行，还在实践中展现出高效性和灵活性，真正达到全员、全程、全方位育人的目标。

（三）坚持协同联动

在思政教育的广阔图景中，单个要素虽各具特色，但仅凭一己之力难以发挥最大效用。当这些元素通过特定关系联结，形成一个协同运作的有机整体时，它们所能产生的影响力将远远超出各自独立作用的总和。系统性整合与协同联动成为提升思想政治教育实效性的核心策略。为了实现这一目标，构建高效运行的大学全方位思政育人体系，需重点关注以下几个方面。

首先，要从顶层设计出发，构建一个高屋建瓴的管理架构，确保各参与部门和机构之间既有明确的分工又能够密切配合，形成合力。通过统一的领导和协调机制，消除壁垒，促进信息、资源的自由流动与共享，避免重复建设和资源浪费，为体系的顺畅运行奠定基础。

其次，优化资源配置是关键。这不仅涉及物质资源，还包括人力资源的合理配置与有效利用。通过建立健全的制度框架，为学科交叉融合、教师队伍的多元化建设提供支持，确保每位参与者都能在最适合的岗位上发挥专长，形成互补优势。同时，强化政策激励与绩效考核，激发教师的积极性和创造力，确保育人质量与效率。

再次，强化内生动力和自我优化机制。构建一套完善的激励机制、过程监控体系和成效评估标准，形成闭环反馈，及时调整和优化育人策略。通过持续的自我审视和动态调整，确保育人体系能够顺应时代发展，不断创新升级，保持旺盛的生命力。

最后，推动从分散管理向协同一体化转变，打破传统条块分割的局限，通过项目合作、平台共建等方式，促进不同机构、学科、资源间的深度融合，形成育人合力。在这一过程中，持续探索和实践协同联动的新模式、新路径，确保全方位思政育人体系的持续优化与长远发展，为培养德才兼备、全面发展的时代新人提供坚实支撑。

二、建立课程思政与思政课程全方位协同育人体系的价值导向

（一）立德树人

1.立德树人是社会主义大学的立身之本

立德树人作为社会主义大学的根本任务，深刻体现了高等教育在新时代背景下的历史使命和社会责任。高等院校作为高端人才培养的重要基地，其核心在于不仅传授专业知识技能，而且更重要的是培养具有高尚品德、坚定信念和强烈社会责任感的人才。这一过程深刻嵌入了中国特色社会主义的内在逻辑，即在党的坚强领导下，遵循马克思主义理论的光辉指引，不断推动社会向前发展，实现人民福祉与国家强盛。

强化对伟大中国共产党的认同，实质上是构建国家认同与民族凝聚力的关键环节。这要求高等教育体系内必须坚决维护党的领导核心地位，对于任何破坏党的统一领导、损害党的形象和利益的行为持零容忍态度。这是维护政治安全和社会稳定，促进各民族团结进步的必然要求。在此基础上，立德

树人的实践应当是一个系统工程，它需要将党的教育方针政策与大学的教学科研、校园文化建设等各方面工作紧密结合，形成协同效应。

马克思主义理论教育旨在帮助大学生建立科学的世界观和方法论，使之内化为个人的价值观和行动指南。这种教育不仅仅是知识的灌输，更是通过理论学习与社会实践的结合，引导大学生主动探索、批判性思考，最终达到对马克思主义理论的深刻理解与自觉认同。这样的认同，能够激发大学生将自己的个人理想与国家前途、民族命运紧密相连，自觉投身于国家建设和社会服务中。

2.围绕立德树人构建全方位思政育人体系

围绕立德树人构建全方位的思想政治育人体系，是对高等教育育人模式的全面升级和深化，旨在形成一个多层次、多维度、全链条的教育生态系统。这一系统设计不仅聚焦于大学生道德品质的提升，而且注重促进大学生全面发展，成为具有独立人格、创新精神和社会责任感的现代公民。

具体而言，在理论精神层面，侧重于思想引领和价值塑造。通过优化课程设置，将思政教育有机融入各类专业课程中，实现知识传授与价值引领的统一。校园文化的培育则是营造积极向上、富含人文关怀的环境，通过举办学术讲座、文化节庆、艺术展览等活动，提升大学生的文化品位与审美能力。审美艺术的教育则能潜移默化地影响学生的情感世界，培养高尚情操，促进德智体美劳全面发展。

在制度法规层面，建立和完善相关的法律法规体系，为立德树人提供制度保障。这包括制定清晰的校规校纪，明确学生行为规范，以及建立健全大学生权益保护机制。同时，通过优化管理服务流程，提高服务效率与质量，创造有利于大学生健康成长的制度环境，确保教育公平与公正。

在实践活动层面，实践活动是理论与实际相结合的关键环节。通过组织志愿服务、社会实践、创新创业竞赛等形式多样的活动，让大学生在实践中学习，在服务中成长，增强社会责任感和团队协作能力。礼仪规范教育则着重于培养大学生良好的社交能力和文明习惯，提升个人修养。整体合力强调学校、家庭、社会三方面合作，形成教育合力，共同促进大学生的全面发展。

总之，全方位思政育人体系的构建是一个系统工程，需要大学从理论到实践，从制度到文化，多管齐下，形成协同效应。只有这样，才能真正实现立德树人的根本任务，培养出符合时代需求的高质量人才，为国家的繁荣昌盛和民族的伟大复兴奠定坚实的人才基础。

（二）立德为本，德育先行

1.铸牢理想信念

在构建全方位思政育人体系时，首要任务是通过教育引导大学生树立坚定的理想信念，这是"立大德"的核心。面对复杂多变的信息环境，大学应采取有效措施，如开展主题讲座、研讨班、红色文化教育等，加强对马克思主义理论、中国共产党历史的学习，以及中国特色社会主义理论体系的教育，增强学生的道路自信、理论自信、制度自信、文化自信。同时，通过组织参观革命遗址、参与公益活动等方式，外化于行，加深学生对国家、民族的情感认同，让爱国主义情怀根植于心，确保他们在成长道路上不迷失方向，坚定不移地追随党和国家的发展步伐。①

2.严守社会公德

在"立公德"方面，大学应重视培养大学生的社会责任感和公民意识，强化对社会公德的教育与实践。通过开设公德教育课程、开展公共道德实践活动、建立诚信档案系统等，教育学生尊重他人、爱护公共财物、诚实守信，形成良好的校园风气。针对校园中存在的不良现象，应采取积极措施予以纠正，如设立文明监督岗、开展公德主题月活动等，引导大学生从自我做起，从小事做起，逐渐形成良好的社会公德习惯，并在社会实践中发挥示范作用，促进社会文明程度进一步提升。

3.培养高洁品质

在"立私德"层面，应注重大学生个人品德修养的提升，将其作为衡量全面发展的重要指标之一。通过开设伦理学、心理学等人文社科课程，引导大学生自我反省，培养自尊自爱、诚实守信、勤俭节约等美德。鼓励大学生

---

① 吕云涛.从理念到实践：当代高校课程思政路径探索[M].长春：吉林大学出版社，2021：58.

参与志愿服务、心理健康教育活动,增强自我管理与自我提升的能力。在评价体系中,应综合考虑大学生的品德表现、社会责任感、团队合作能力等因素,构建全面、客观的大学生评价体系,促使大学生在追求学术成就的同时,也不忘个人品德的塑造与提升,从而培养出既有深厚专业知识,又具备高尚道德情操的复合型人才。

（三）培养担当民族复兴大任的时代新人

1.培养有实践能力的人

在当今快速变化的社会背景下,高校思想政治教育不仅要注重理论知识的传授,更要重视学生实践能力的培养,将理论与实践紧密结合,以实践促认知,以认知导实践,培养出既有深厚理论功底又能投身社会实践的时代新人。

第一,融入"劳"的教育理念。新时代的思政教育体系中加入"劳"的元素,意在强调劳动教育的重要性,鼓励大学生通过亲身参与劳动,体验劳动的价值,培养吃苦耐劳的精神和实践操作能力。这不仅是对传统"德智体美"教育的补充,更是对马克思主义关于人的全面发展理论的生动实践。

第二,搭建实践平台。大学应构建多样化的实践平台,如社会实践基地、志愿服务项目、创新创业竞赛等,为大学生提供丰富的实践机会。通过这些平台,大学生可以将课堂上学到的理论知识应用于解决实际问题中,如参与社区服务、乡村振兴、环境保护等社会实践活动,增强社会责任感和使命感。

第三,实施项目驱动教学。在教学过程中引入项目驱动法,鼓励大学生围绕特定的社会议题或实际问题,组成团队进行调研、分析并提出解决方案。这种方法能够激发大学生的主动学习热情,培养团队合作精神,同时在实践中锻炼大学生的创新思维和解决问题的能力。

第四,强化反思与评价。实践活动结束后,组织大学生进行反思总结,通过撰写实践报告、开展分享会等形式,引导大学生从理论与实践的结合中提炼经验教训,促进知识的内化和升华。同时,建立科学的评价体系,对大学生的实践能力、社会责任感、创新意识等方面进行全面评估,为持续改进教学提供依据。

第五，培养问题意识与批判思维。在实践活动中，鼓励大学生发现问题、提出问题，并尝试运用所学理论知识去分析和解决问题。这不仅能够增强大学生的实践能力，还能够培养其独立思考和批判性思维能力，为他们将来在复杂多变的社会环境中做出正确判断和决策打下坚实基础。

2.培养有世界眼光的人

在全球化日益加深的背景下，培养具有广阔世界视野的青年学子，已成为我国社会主义建设事业不可或缺的一环。自改革开放以来，"走出去"战略逐步深化，不仅推动了国家的快速发展，也促使中国更加积极地参与到全球事务中。2018年，《中华人民共和国宪法修正案》明确将"推动构建人类命运共同体"载入宪法序言，彰显了中国作为负责任大国，愿与其他国家共享发展机遇，携手应对全球挑战的决心。[①]这一系列举措深刻反映出中国特色社会主义事业的发展与国际环境的变迁紧密相连，相互影响。因此，高等教育在落实立德树人根本任务时，必须注重培育大学生的全球意识和战略思维，使之能在纷繁复杂的国际格局中，保持清醒的认知和理性的判断。这意味着大学的全方位思想政治教育工作，应聚焦于引导大学生全面、客观地理解世界，既要认识到全球化带来的机遇，也要直面挑战，学会在多元文化的交融中寻找共识，在全球性问题的解决中贡献中国智慧与中国方案。大学思想政治教育不仅要让大学生能够站在国家发展的高度审视世界，还能在国际舞台上找准自己的定位，理解并积极参与到构建人类命运共同体的伟大实践中。这要求大学生具备扎实的专业知识，拥有开放包容的心态、长远的战略眼光，以及在全球范围内寻求合作与共赢的能力。通过这样的教育，我们旨在培养一代又一代能够在全球化浪潮中乘风破浪，为国家的繁荣复兴和世界的和平发展贡献力量的青年才俊。

3.培养有创新能力的人

在当今时代背景下，创新能力的培养对于大学生群体而言，不仅是个人发展的催化剂，也是推动社会进步和国家兴旺的核心要素。大学作为培养未

[①] 吕云涛.从理念到实践：当代高校课程思政路径探索[M].长春：吉林大学出版社，2021：60.

来社会栋梁的重要阵地,其思想政治教育工作肩负着至关重要的任务,即在大学生心中播撒创新的种子,引导他们成为勇于探索未知、敢于挑战传统的时代先锋。

大学思政教育需深化内涵,将创新思维的培养融入日常教学与实践中,形成一种潜移默化的渗透教育。这意味着,不仅要传授知识,更要激发大学生的好奇心,鼓励他们质疑现有知识,培养批判性思维,勇于对既定观念发起挑战。通过开展形式多样的创新论坛、创意工作坊、科研项目参与等,为学生提供广阔的探索平台,让他们在实践中学习如何发现问题、分析问题,并创造性地解决问题。

在教育理念与实践层面,大学应主动求变,拥抱创新。这涉及对传统教学模式的革新,如引入翻转课堂、在线互动学习、项目制学习等现代化教学方法,利用大数据、人工智能等先进技术工具,使学习过程更加个性化、高效。同时,构建开放式的创新生态系统,鼓励跨学科合作,打破院系壁垒,促进知识的跨界融合,为学生提供更多元化的学习体验和创新机会。

此外,大学还需积极对接国家创新驱动发展战略,紧密联系"大众创业、万众创新"("双创")的国家战略,通过举办创业大赛、创新实验室建设、创业孵化器支持等措施,让大学生直接参与到真实的创新项目和创业实践中,亲身体验从想法萌芽到产品实现的全过程。这样不仅能锻炼大学生的实践操作能力,更重要的是培养他们面对失败的坚韧心态、团队协作的精神以及持续创新的意志品质。

三、建立课程思政与思政课程全方位协同育人体系的路径探索

(一)制定工作规划,加强育人制度建设

构建全面而严谨的制度体系,是确保大学思想政治教育工作高效推进的基石。这一体系不仅是维持教育秩序、引导教育发展方向的规范性框架,更

是激发教育创新、保障教育主体权益的重要保障。将育人理念融入制度建设之中，旨在通过明确的规划与指导，为教职员工创造一个既自由发挥又有序运作的环境，既不束缚思想与行动的活力，又确保教育活动的高质量实施。通过这一过程，可以促进教育资源的合理配置、加深师生间的互动合作，并为所有参与者的创造性努力提供坚实后盾。

在推进课程思政与思政课程深度融合的全方位育人体系建构时，可以采取以下几个关键策略。

第一，精准解读政策导向。首要任务是深入领会中央、国务院及教育主管部门发布的相关政策精神，结合教育史的智慧与学校自身文化传承，确保落地政策既有高度又接地气。

第二，实施分层次管理策略。根据学校总体架构，将管理策略细化至各院系、部门，明确各自的职责权限、工作目标和任务清单。倡导内外兼修的监管模式，既强调自我管理和自我提升，也重视外部监督与评估，确保每一层级都能在清晰的框架内高效运行。

第三，推行差异化育人方针。针对不同的教育主体和教育资源特性，定制化设计教育方案。通过分析成功案例，建立科学合理的分类评价体系，精准施策，以满足多元化、个性化的育人需求。

第四，资金管理与效能提升。聚焦资金使用的效率与公平，简化申请流程，强化绩效考核，确保资金精准投放到关键领域和薄弱环节，解决教育发展的不均衡问题。同时，借助现代化管理手段，不断提升大学教育治理体系和治理能力的现代化水平，为构建高质量的思政育人环境奠定坚实的制度基础。

（二）坚持改革创新，加强育人理论研究

在快速变化的时代背景下，持续的理论创新是推动高校思想政治教育工作不断发展的重要驱动力。理论研究不仅是对过往实践经验的提炼与升华，而且是未来实践探索的灯塔，引领着育人工作的方向与深度。全方位思政育人体系的构建，应立足于深厚的理论根基，不断拓宽理论视野，以理论的先进性促进育人实践的创新与实效。

首先，强化理论学习与普及。鼓励全体师生积极参与思政育人理论的学习，通过专题讲座、研讨会、在线课程等多种形式，系统掌握最新理论成果，打破传统经验主义的局限，增强理论指导实践的能力。这不仅提升了教师队伍的理论素养，也为大学生提供了更为丰富多元的知识框架，为全方位育人打下坚实的理论基础。

其次，构建理论研究与创新平台。大学应成立专门的思政教育理论与创新研究中心，该中心应成为理论探索的前沿阵地和教学实践的智囊团。通过跨学科合作，整合校内外资源，专注于党的理论创新成果、思想政治教育理论、意识形态工作等领域，进行深入研究与交流。中心不仅是促进理论深化与创新的传播基地，还应成为教师集体备课、资源共享的平台，鼓励教师将理论研究成果融入教学设计，实现理论与实践的双向互动与转化。

最后，实践检验与理论迭代。推动形成"理论—实践—理论"的良性循环，鼓励教师在日常教学和学生工作中积极应用新理论，通过实践活动来验证理论的有效性和适应性。同时，及时收集实践反馈，将成功的经验上升为理论，失败的教训作为理论修正的契机，不断优化和更新理论体系，确保思政育人理论的生命力和时代感，最终实现理论与实践的深度融合，共同推动大学思想政治教育工作的高质量发展。

（三）加强师德师风，优化教师队伍配置

构建高效全面的思政育人体系，核心在于拥有一支德才兼备、专业精深的教师队伍。这要求在师德师风建设和教师资源配置上采取系列有效措施，以确保每位教师不仅是知识的传递者，更是品德的示范者。

第一，深化师德师风培育。将师德师风建设摆在首位，通过定期举办师德教育培训、研讨交流会等形式，加强教师的职业道德教育，引导教师树立正确的教育观、学生观，自觉践行社会主义核心价值观，成为大学生健康成长的引路人。同时，建立健全师德考核评价体系，确保师德表现成为教师评价与晋升的重要指标。

第二，提升教师队伍专业水平。加大对思政教育专业人才的引进和培养力度，通过学历提升、海外研修、学术交流等方式，拓宽教师的国际视野，

吸收国内外先进的教育理念和教学方法。鼓励教师参与教学改革和科研项目，提升教学内容的时效性和针对性，形成一支专业素质高、教学能力强的骨干教师队伍。

第三，优化师资资源配置。严格按照教育部门关于思政工作队伍建设的规定，确保专职思政工作队伍的比例，包括专职思政教师、党务工作者和辅导员等，满足不同学生群体的需求。利用大数据等现代教育技术手段，科学分析师生比、课程需求等数据，灵活调整教师配置，确保教育资源的合理分布与高效利用。

第四，促进教师间交流合作。搭建多样化的交流平台，如举办思政育人主题论坛、教学观摩、案例分享会等，鼓励教师分享教学经验，相互借鉴，共同提升教学技能和育人能力。通过邀请业界专家讲座、开设示范课程、打造精品在线课程等举措，提升教师队伍整体教学水平，扩大优质教育资源的覆盖面和影响力。

（四）打造协同育人机制，形成育人合力

大学生思想道德教育是一个系统工程，需要家庭、学校与社会三方密切配合，形成协同育人机制，共同促进学生全面发展。

第一，衔接教育阶段，构建连续性教育体系。在立德树人根本任务的指引下，大学应主动对接中学、小学的思政教育体系，确保教育内容的连贯性和递进性，避免教育断层。通过梳理各教育阶段的核心知识点与能力要求，制定出符合大学生认知特点和发展需求的教育大纲，逐步从基础知识、人际交往能力培养过渡到综合素质的全面提升。

第二，强化家校合作，共筑教育基石。建立高效的家校沟通机制，利用现代信息技术手段，如建立家校联系APP或微信群，定期分享学生在校表现，同时提供家庭教育指导，帮助家长理解并参与到孩子的思想品德教育中来。通过家长学校、家庭教育讲座等形式，增强家长的教育意识，形成家校共育的良好氛围。

第三，深化校地合作，拓展社会实践平台。积极与地方政府、企事业单位等建立合作关系，通过实习实训基地建设、志愿服务、社会调研等活动，让大学生走出校园，参与到真实的社会实践中，增强社会责任感和实践能力。地方党委、政府应发挥引导作用，协调资源，支持大学与社会机构的深度合作，共同开发教育项目，为大学生提供更多元化的学习方式与成长机会。

第四，创建全社会育人环境。倡导社会各界共同参与思政教育，营造全社会关注和支持青年学生成长的浓厚氛围。通过媒体宣传、公益广告、文化节庆活动等多种形式，弘扬社会主义核心价值观，形成积极向上的社会文化环境。鼓励企业设立奖学金、助学金，参与学校人才培养方案的制定，为大学生提供就业指导和职业规划，形成教育与产业的良性互动。

第四节 大学课程思政的建设与发展

一、大学课程思政的建设要点

（一）课程建设是核心、是基础

大学课程思政的根基深植于课程本身。优质的课程是课程思政功能发挥的前提，缺乏坚实的课程基础，课程思政则如同缺乏源头活水，难以持续和有效开展。因此，遵循课程建设的基本规律，加强课程管理体系建设，是课程思政建设不可或缺的底层支撑。

首先，思政教育的融入是大学课程思政建设的焦点。缺乏有效的思政导向，课程教学将缺失灵魂和方向，导致知识传授、技能培养与价值引领的脱节甚至冲突，削弱教育的综合效能。

其次，教师队伍是大学课程思政建设的命脉。作为教育活动的直接执行者和第一责任主体，教师的品德修养、学术造诣、人格魅力和综合素质，无时无刻不在影响和塑造着学生的思想与行为，是课程思政效果的关键所在。

最后，院系是大学课程思政建设的中坚力量。课程思政改革触及教育的广度和深度，不仅需要教师观念的更新，还涉及教学内容的优化与教学方法的创新。在此过程中，高校需构建一个上下联动、多维参与的管理机制，尤其是在以院系为实体的体制下，激发院系的积极性和创新性，打造具有鲜明思政特色的课程体系。

总之，学生的成长成才是大学课程思政建设的终极目标。所有教育活动的出发点和归宿都是为了培养更高素质的人才。因此，课程思政改革的成效最终需通过学生的成长进步和成才质量来衡量，学生的实际受益是检验课程思政改革成果的金标准。

（二）因校制宜，区分重点

鉴于每门课程的独特性及各高等院校的个性化差异，课程思政的实践应当依据具体情况进行灵活调整，明确各自的重点方向。在实施过程中，需根据不同学科领域和专业背景，选取合适的切入点和侧重点。

例如，在理工类课程中，应侧重于将思政元素融入技术掌握与应用的实际情境中，强调科学精神和科学道德在社会责任感与伦理道德中的重要性；在人文社科类课程中，则可以将思政元素与人文社科理论紧密结合，通过案例分析、历史回顾、作品欣赏等方式，培养学生的批判性思维和人文关怀，增强学生的社会责任感和历史使命感。总之，教师的任务是巧妙地在专业教育中融入思政教育的精髓，而非改变课程的本质属性。也不必在所有课程中强行构建完整的思政教育体系，或在每节课中生硬添加思政内容，应当在保持学科专业性和本质的基础上，深入挖掘并展现专业课程中蕴含的德育资源，鼓励教师团队开发跨学科的通识课程，以此作为桥梁，连结专业课、基础课与通识教育，引导大学生在探索专业知识的过程中领悟科学真理、人文关怀与美学价值，从而实现知识传授与价值引领的有机融合。这种做法有助于大学生在专业学习中培养综合素养，形成正确的世界观、人生观和价值观。

（三）避免思想政治理论课的通识化

在高等教育的课程体系框架下，思想政治理论课、综合素养课程与专业课程各有其特定的教育使命，它们相辅相成，共同支撑起大学生的全面发展。尽管大学的通识教育与思想政治教育均致力于促进学生综合素质的提升，且都不直接以职业技能训练为核心，两者却在教育重心上存在明显差异：通识教育更倾向于文化素养的培育，相对减少了意识形态的直接灌输；而思想政治教育则着重于德育的深化，具有明确的政治导向和制度性要求。

因此，在推进课程思政改革的进程中，至关重要的是防止思想政治理论课程被简单通识化处理，模糊其独特的政治教育属性。思想政治理论课程的教学应紧扣教学大纲，紧密联系社会实际和人才培养的总目标，确保其教育内容具有深度与针对性。同时，应积极探索思想政治理论课程与通识教育的协同互补路径，二者携手共同塑造大学生全面而健全的人格特质，促进大学生在知识、能力、情感、价值观等多维度的均衡成长。在此基础上，大学的思想政治教育可以汲取通识教育中灵活多变的教学手法，如将经典文献研读与现实案例分析结合起来，既强化教师的引导作用，又激发大学生的自主探究精神，确保教学活动在丰富的互动与讨论中坚守正确的价值导向，促进通识教育课程的健康发展。

二、大学课程思政建设与发展路径

（一）强化价值引领，加强理论学习

1.以新时代高校思想政治教育理论为指导

首先，深化理论学习的全面性。以习近平新时代中国特色社会主义思想为核心，结合马克思主义基本原理和中国特色社会主义理论体系，作为课程思政建设的理论支柱。大学各级党组织与管理层应深入学习这些理论体系，提升理论素养，准确把握事物本质与社会发展规律，为课程思政实践提供坚

实理论基础。

其次，促进研究交流与合作。建立常态化的学习交流机制，通过研讨会、工作坊等形式，促进理论与实践的对话，分析课程思政实施中的问题及其根源，分享成功经验与创新路径，形成理论与实践的良性互动。

最后，推动理论创新与增强理论自信。紧跟时代步伐，不断推进理论创新，确保课程思政建设的理论指导与时俱进。同时，增强理论自信，对中国特色社会主义的道路、理论、制度、文化等保持坚定不移的信念，为课程思政实践注入强大精神动力。

2.深化课程思政教育理念的学习与实践

首先，提高学习频率与系统性。课程思政建设领导机构应在实施方案中明确学习计划，组织专业管理人员与一线教师定期进行学习，形成持续性学习机制，确保课程思政理念深入每一位教育者心中。

其次，丰富学习内容，紧跟时代脉搏。学习内容应涵盖最新政策文件与时事热点，结合经济社会发展实际，编写易于理解的教材，增强学习的针对性与时效性，使课程思政教育更加贴近现实，富有生命力。

最后，创新学习方式，增强实效性。除传统的集中学习外，应探索小组学习、专业内学习等更为灵活的学习形式，针对不同专业特点，深入探讨课程思政的实施策略与难点，增加学习的深度。

（二）基于教学逻辑，优化课程体系

1.课程思政内容的创新与融合

课程思政内容的整合对于提升教学质量及实现教育目标至关重要。它通过利用专业课程这一核心平台，创造既适应学生特性又凸显课程特色的德育与专业并进的教学材料。关键在于，在确保遵循各学科教学内在规律的基础上，巧妙地将思想政治教育元素融入专业学习之中，形成和谐共生的教学模式，对此，一方面要严格遵循各类课程的教学逻辑，另一方面要深度探索和提炼课程内蕴含的思想政治教育资源，确保思政内容与专业知识相互渗透与相互赋能。

2.课程思政教学方法的选择和运用

课程思政教学方法的选择与灵活应用,是达成教育目的的关键所在。面对专业课程中思政资源的隐含性、大学生思想多元化以及社会环境的多变性,传统教学模式难以满足当前需求,需采取更为贴近大学生真实性、生活化且具互动性的教学策略,将知识传授与价值观培育深度融合于日常教学过程,以此激发大学生兴趣,促进深度理解与认同,全面提升其思想政治素养与实践能力。

(1)创新教学方法

第一,情境模拟与案例分析。通过构建真实或虚构的情境,引导大学生置身其中分析问题、解决问题,同时在案例讨论中融入思政教育,培养批判性思维和道德判断力。

第二,小组合作与讨论。鼓励大学生分组合作,进行项目研究或主题探讨,强化团队精神和社会责任感,教师在指导中适时嵌入思政元素,引导正向价值观。

第三,辩论与演讲。组织专题辩论或个人演讲,提升大学生的语言表达与逻辑思维能力,同时围绕具有思政意义的话题展开,深化大学生对国家政策、社会伦理等的理解。

(2)现代信息技术的运用

第一,虚拟现实技术(VR)。利用VR技术创建沉浸式学习体验,使大学生在虚拟环境中亲历历史事件、体验社会情境,增强情感共鸣与价值认同。

第二,在线教育平台与多媒体资源。结合线上线下教学优势,运用视频、动画、互动软件等多媒体工具,拓宽学习渠道,增强教学互动性和趣味性,同时利用大数据分析大学生学习行为,实现个性化教学。

(3)综合教育手段的融合

鉴于思想教育的复杂性,应采取多元化、综合性的教育策略,结合直接显性的理论教学与间接隐性的实践体验,刚性规范与柔性引导并重,形成学校、家庭、社会教育的协同效应,构建全方位、多层次的课程思政教育体系,确保思想政治教育的有效性和深入性。

3.大学课程思政的学科化路径

在课程思政的实施过程中,针对各类课程的独特性,优化教学方式显得尤为重要。这不仅是提升教学质量的关键,也是培养大学生成为德才兼备人才的必经之路。课程思政不拘泥于传统形式,而是要求教师根据课程特质,巧妙地融入思想政治教育内容,使之与专业知识学习相辅相成。

教师应当积极拥抱现代科技,如运用多媒体教学、在线互动平台等,这些工具能够激活课堂氛围,使大学生在知识传递与接收间形成动态的对话,课堂由此变成一个思想激荡的舞台。更重要的是,教师应具备敏锐的洞察力,捕捉那些既能引发大学生兴趣,又富含教育意义的话题,尤其是那些紧贴时事的社会问题和全球性挑战,以此作为切入点,激励大学生主动探究,通过深入讨论和交流,逐步树立正确的政治立场和高尚的道德情操。

至于实践类课程,则需强调理论与实践的深度融合,即"知行合一"。通过设计富有挑战性的实践活动,如科研项目、社会实践、志愿服务等,大学生不仅能在实践中锻炼创新思维和解决问题的能力,还能在亲身体验中领悟和传承艰苦奋斗的精神,让思政教育在行动中生根发芽,最终内化为个人成长的坚实基石。

(三)提升教师思政素养和教学能力

1.提升教师的政治水平和理论素养

提升教师的政治水平和理论素养是实施课程思政的关键,确保教师能够准确、有效地将马克思主义理论与中国化成果融入教育教学中。这一过程不仅要求教师具备扎实的理论基础,还需拥有高度的政治敏锐性和时代使命感。

首先,加强系统性培训是提升教师政治素养的有效途径。依据教师所在学科及专业特点,量身定制培训内容,确保培训既有普遍性又具针对性。例如,对于理工科教师,培训可侧重于如何在技术革新案例中融入创新精神与国家发展战略;文科教师则可更多关注如何在文学、历史等人文领域中发掘和弘扬中华优秀传统文化与社会主义核心价值观。这样的培训有助于教师深刻理解马克思主义中国化的最新理论成果,提升其将理论与专业教学相结合的能力。

其次,定期举办专题讲座和研讨会,聚焦党的创新理论成果,如对习近平新时代中国特色社会主义思想的学习与研讨,不仅能够帮助教师及时更新理论知识库,还能促进教师之间的思想交流与碰撞,激发创新教学方法的灵感。通过深入解读党的理论政策,教师能够更加自信地在教学中融入这些理论,引导学生形成正确的世界观、人生观和价值观。

最后,鼓励教师参与社会实践与调研,将理论学习与实践体验相结合,进一步加深教师对国情民情的了解,提升教学内容的现实性和感染力。在教学过程中,教师应注重以学生为中心,采用启发式、讨论式等教学方法,引导学生主动思考,通过解决实际问题,将理论学习转化为内在信念和行动指南,达到"润物细无声"的教育效果。

2.提高教师的课程思政教学能力

提升教师在课程思政中的教学能力,关键在于革新教学方式,将理论与实践深度融合,以适应多元化的大学生需求和快速变化的时代背景。教师需具备创新教学策略的能力,针对课程内容的多样性,灵活运用多种教学手段,精准定位思政教育的切入点,以此强化教学效果。与时俱进地掌握并运用信息化技术,整合优化教育资源,借助现代教育技术的活力,激发大学生的学习热情,使课堂焕发新的生命力。

在这一进程中,思政课程的教学改革尤为关键,它要求从传统的灌输式教学转向以大学生为主体的互动式学习模式,侧重于培养大学生分析问题、解决问题的政治素养和塑造正确的价值观。通过引入时事热点作为讨论话题,不仅丰富了教学内容,还促进了大学生对社会主义核心价值观的主动认同与内化。课堂内外的界限被打破,实践性学习成为重要一环,正如习近平总书记所强调的,将思政小课堂与广阔的社会大课堂相结合,拓展大学生的实践空间。例如,河北科技大学将思政教育延伸至西柏坡等红色教育基地,让大学生在实地考察与体验中深化对红色文化的理解,直观感受西柏坡精神。这种沉浸式的教育方式极大地促进了大学生对革命传统的学习传承和道德品质的提升。

（四）建立和完善课程思政实施制度

1.合理制订学校课程思政实施计划

制订合理的学校课程思政实施计划，是确保课程思政教学改革顺利推进并形成长效机制的前提。制订该计划要围绕以下几个方面展开。

（1）原则性与灵活性并重

课程思政实施计划应基于学校实际情况量身定制，并考虑学生的思想道德现状和理论水平。在规划中，需充分尊重教师的专业特性和教学科研任务的实际，确保课程思政的指导与培训既具挑战性又可达成，避免过度规划，保证教师既有足够的时间和空间专注于日常教学与科研，又能有效融入思政内容，实现教学与育人的双重目标。

（2）设置合理且渐进的目标

课程思政教学改革是一个循序渐进的过程，不应期望立竿见影的效果，而应视之为学校整体教书育人质量和校园文化建设长期演进的一部分。这意味着，实施计划应设定阶段性的、可评估的目标，这些目标应与学校当前的发展状况相匹配，既鼓励教师不断提升教学能力，又促进学生综合素质的全面提高，确保课程思政实践能够遵循思想政治工作、教书育人和学生发展的一般规律，稳步前行。

（3）制度细化与可操作性

实施计划的成功落地依赖于具体、详实且操作性强的制度保障。这要求学校在制定制度时，必须紧密联系本校各部门、各学院的实际需求，从解决课程思政面临的最紧迫问题出发，明确具体措施、执行主体、时间节点等细节，确保每一项要求既清晰界定"做什么"和"为什么做"，又精确说明"怎么做""谁来做"及"何时做"。通过制度的精细化、量化和具体化，增强可操作性，确保课程思政教学实践不仅停留在理论层面，而且能够有效渗透到教学活动的各个方面，切实提升教学质量和育人效果。

2.加强课程思政资源保障

（1）政策保障

首先，建立多层次政策体系。课程思政工作需要从省级乃至国家级层面建立统一的政策框架，明确课程思政的总体目标、基本原则、实施路径和评价标准，为各级各类学校提供宏观指导。同时，鼓励学校根据自身特色和发展需求，制定具体实施方案和激励机制，形成上下联动、各有侧重的政策支持体系。

其次，强化教师发展政策。加大对教师课程思政能力培养的支持力度，通过专项培训、研修项目、国内外访学等形式，提升教师的政治理论素养、课程整合能力和教学创新能力。建立合理的教师评价与激励机制，将课程思政纳入教师职称评审、绩效考核等体系，激发教师参与课程思政的积极性和主动性。

（2）资金保障

首先，多元化资金来源。课程思政项目的实施需有稳定且充足的资金支持。省级政府应设立专项基金，为课程思政项目提供财政保障，并鼓励学校积极探索多元化融资渠道，包括社会捐赠、企业合作等，以补充政府资金。学校内部也应设立专门的课程思政建设基金，设立独立账户和专人管理，确保资金专款专用。

其次，科学分配与激励。资金分配应依据项目的重要性、创新性及其潜在影响力，合理设定不同级别项目的资助额度，鼓励教师团队围绕课程思政进行深入研究和实践。同时，通过设立奖励机制，对取得显著成效的项目给予额外奖励，激发教师参与的积极性，推动课程思政研究与实践的深化。

最后，透明监管机制。建立一套公开透明的资金监管体系，确保每一分钱都能用在"刀刃上"。监管机构应定期审计资金使用情况，公开资金流向，接受师生和社会监督，确保资金使用的合理性和效率。

（3）技术保障

首先，跨部门协同合作。课程思政建设涉及多个部门，需要建立跨部门的协作机制，整合信息技术、教学管理、后勤保障等资源，共同推进技术平台的建设和维护。通过信息技术手段，如学习管理系统（LMS）、在线课程平台、虚拟仿真技术等，提升课程思政教学的现代化水平。

其次，技术支持团队建设。组建一支专业的技术团队，负责课程思政相关技术平台的研发、维护与升级，确保技术设施的先进性与稳定性。团队应具备教育技术、软件开发、数据分析等多方面技能，以应对课程思政实施过程中的各种技术需求。

最后，持续的技术创新与运用。鼓励技术创新，利用大数据、人工智能等前沿技术优化教学内容推送、学习效果评估、个性化学习路径设计等，提高课程思政的针对性与有效性。同时，加强技术培训，提升教师队伍运用现代信息技术开展课程思政教学的能力。

（五）积极应对外部社会环境的潜在冲击

面对外部社会环境中经济至上和文化多元趋势可能对大学课程思政建设构成的挑战，迫切需要我们建立健全的风险防范体系，以正面引导和有效应对这些潜在冲击。

首先，大学生在信念、素质、自我驱动力及实践能力方面的不足，凸显出他们在面对复杂社会环境时自我约束和适应能力的薄弱，这要求我们采取更为积极主动的策略，减少道德风险发生的可能。为此，呼吁学校领导层，尤其是学校党委，应勇担重任，亲力亲为，通过深入基层调研和开展专题座谈，精准把握课程思政建设现状，从而科学规划防范机制的建设蓝图。这不仅需要领导层的高瞻远瞩，也需要全校上下，包括教务部门、各职能单位以及二级学院，形成联动机制，各自明确在防范体系中的角色与责任，协同推进，确保管理机制的有效运行。在实施过程中，各部门应立足自身职能，紧密结合学校实际情况与大学生需求，将防范机制的各项要求渗透到日常管理和教学活动中，使之真正落地生根。

其次，倡导以立德树人为根本，评价教师工作时，不仅要考量教学成果，还要重视其在课程中融入思政元素，以促进大学生全面发展。对于在思政教育融合方面表现突出的教师，应给予表彰与奖励，以此激发全体教师的积极性与创造力，营造积极向上的教育氛围。

第二章　大学体育教育与思想政治教育的理论与时代发展

　　大学体育教育与思想政治教育是高等教育中两个重要的组成部分，他们在促进学生全面发展方面各自发挥着独特的作用。体育教育不仅关注学生的身体健康，还注重培养学生的体育技能、团队精神和公平竞争意识。体育活动可以增强学生体质，提高其社会适应能力与运动能力。思想政治教育则侧重于培养学生的道德观念、法律意识和社会责任感，它通过传授政治理论知识，引导学生形成正确的世界观、人生观和价值观。体育教育与思政教育结合，可以促进学生在身体和精神两个层面的均衡发展。本章主要对大学体育教育与思想政治教育的理论与时代发展进行研究，内容主要包括大学体育教育与思想政治教育基础理论、新时代大学体育教育的使命与改革发展、新时代大学生思想政治教育的主渠道建设以及创新发展。

第一节　大学体育教育与思想政治教育基础理论

一、大学体育教育基础理论

体育教育是指在人类社会发展过程中，根据生产和生活的需要，遵循人体的生长发育规律，以身体练习为基本手段，为增强人的体质，促进人的身心全面发展而进行的一种有意识、有目的的身体教育过程。结合体育教育的概念来看，大学体育教育是指高等院校根据培养人才的需要，从大学生的身心特征出发，以身体练习为基本手段，以增强大学生体质、促进大学生全面发展为目标而进行的身体教育过程。

（一）大学体育教育的特点

体育教育作为高等教育不可或缺的一部分，承载着塑造学生体育素养及促进其身心健康的重大责任，并在此过程中表现出一系列独特而鲜明的特性。这些特征不仅是体育教学精髓的体现，也映射出我国高等教育对体育教育的重视。下面对大学体育教育的特点进行分析。

1.多元化教学目标

大学体育课程超越了简单技能传授的范畴，构建了一个包含兴趣激发、意志力锻造、体质增强、社交技巧提升等多维度目标的综合体系。这种目标设定深入贯彻了以人为本的教学理念，强化学生在体育学习中的主体性，旨在深度挖掘并培养学生的潜能，推动其全面成长。

2.个性化教学内容

鉴于学生间存在的个体差异，大学体育教育推行因材施教策略，制定符合每个学生兴趣、特长及需求的个性化教学方案。这一做法增强了学生在体育活动中的参与感和满意度，促进了学习的主动性。

3.多样化教学方法

在教学实践中，大学体育教育融合了讲解、示范、实践、探索等多种教学手段，旨在激发学生的学习热情，提升教学成效。这种方法的多样性不仅培养了学生的自主学习、团队协作及创新思维能力，还让学生在更广泛、深入的层面上体验体育学习的乐趣。

4.科学化的评价体系

大学体育教育正逐步实施科学化的评价机制，该体系既考量学习成果，也重视学习过程，全面评估包括学习成绩、态度及行为在内的多个维度。这不仅有利于全面把握学生的学习状态，激发其学习动力，也为教师提供了精准的教学反馈，促进教学效率的提升。

5.现代化的教学设施

伴随社会进步与经济发展，大学体育设施日益现代化，先进的场馆、丰富的器材为体育教学提供了优越条件，使得教学活动更加高效、吸引人且富有成效，全方位满足学生的学习需求，有力支撑了体育素养的培养。

6.优化的师资结构

随着体育教育的深入发展，大学体育教师队伍的结构不断优化。他们汇聚了高水平的专业素质、丰富的教学实践和强劲的科研能力。能够将前沿教育理念与教学技法融会贯通，为学生带来高质量的教育体验，直接提升了整体教学质量。

（二）大学体育教育的理念

1.素质教育理念

在当代社会背景下，素质教育已跃升为教育领域的核心议题，标榜着一种追求全面发展的教育哲学。其核心在于促进学生在创新思维、实践操作及社会责任感等方面的均衡发展，强调教育应服务于人的全面发展而非单一的知识或技能传授。大学体育教育作为素质教育体系内的关键构成，与素质教育理念紧密相连，通过体育活动的平台，实现了对学生身心多维度的塑造与提升。

大学体育教育在素质教育框架下展现出了独特的价值与功能，表现为在体育课程中，通过各种运动训练，全面增强学生的体质，奠定终身健康的基础；集体项目要求学生间的协同作业，促进了团队精神的培养和有效沟通能力的提升；特定体育项目鼓励学生探索动作的新组合，激发创意思维和创新能力；体育实践帮助学生在挑战中增强自信，学会管理情绪，提升抗压能力。为了更深层次地嵌入素质教育理念，大学体育教育需加强改革，不断拓宽教学内容，引入新颖的体育项目和活动，以适应和激发学生的多样需求与兴趣。同时，增设实战演练与竞赛机会，让学生在实际参与中历练，促进其综合素质的飞跃。

素质教育的实现是一个复杂的社会工程，需要教育机构、家庭及社会各界的协同努力。大学体育教育不仅要与学科教育相辅相成，还需与社会实践紧密结合，共同营造一个有利于学生成长的全方位环境。

2.快乐教育理念

快乐体育理念作为一种新兴的体育教育哲学，着重于个人体验的丰富性、情感的正面回馈以及体质健康的自然提升，它颠覆了传统体育教育中过度竞争与结果导向的模式，转而推崇在体育活动中寻求乐趣、享受运动的过程。该理念主张体育不仅是达成健身目标的手段，更应成为一种生活乐趣，着重培养个体对运动的热爱、自我锻炼的习惯及持续一生的运动意愿，而非仅仅聚焦于竞技成就。

在大学体育教育实践中，融入快乐体育理念意味着教学策略应转向更加人性化与多元化的路径，确保教育内容与形式能够贴合学生的兴趣、专长及身心发展状况，使学生能在参与体育时感到由衷的快乐与满足。体育课程设计应充分利用体育固有的趣味性质，通过创意教学设计，如游戏化学习、情境模拟等，让学生在轻松愉悦的环境中掌握技能，同时领略体育独有的魅力。

快乐体育教学模式还特别强调学生自主性与合作精神的培养。通过小组合作、角色互换等互动式学习方法，不仅能够显著提升学生的学习动力，还能在此过程中增进他们的团队合作技巧及社交能力，为学生的全面发展打下坚实基础。

此外，快乐体育理念还鼓励教学活动的高度个性化，要求教育者依据每个学生的特性和反馈灵活调整教学策略，量身打造学习内容，以适应不同的学习需求。同时，举办多样化的课外体育活动，为学生提供展示自我、探索潜力的舞台，进一步激发他们的体育兴趣，促进个性的健康成长，最终达到体育教育与学生个性发展的和谐统一。

3.创新教学理念

在快速变迁的现代社会，传统的教育模式逐渐显露出局限性，而创新教学理念的提出，宛如一股清流，为教育领域带来了全新的活力与方向。该理念以学生为主体，不仅重视知识的传授，更侧重于激发学生的创新思维与实践能力，倡导通过探索、合作与实践，促进学生个性化与全面性的发展。然而，要将这一理念全面融入教育实践，尚需克服传统观念束缚、师资力量不均、资源分配不公等多重挑战。

在大学体育教育这一特定领域，创新教学理念的引入显得尤为迫切与重要。为响应时代呼唤，大学体育教育需从课程内容、教学方法、评价体系三方面着手，全面深化创新教学的实施。

首先，课程内容的革新。应紧跟时代步伐，大胆融入新兴流行的体育项目，同时挖掘地域文化与民族特色，设计具有鲜明特色的课程内容，满足学生多样化、个性化的需求，激发学生的学习兴趣。

其次，教学方法的多元化与创新。鼓励采用小组合作学习、角色扮演、竞技激励等互动性强的教学模式，激活课堂氛围，提升学生的学习主动性和参与度。同时，利用多媒体与网络技术，如虚拟现实（VR）、在线课程等，丰富教学手段，增强学习体验，提高教学互动性和实效性。

最后，评价体系的科学重构。构建全面、立体的评价机制，超越单纯的技术动作评价，更多地关注学生在创新思维、团队合作、领导力、运动表现等方面的综合表现。通过建立动态、多层次的评价体系，既考查学生的体育技能，又评价其在体育活动中的创新精神和社会能力，促进学生全面发展，培养未来社会所需的创新型人才。

4.课程思政理念

课程思政理念作为新时代教育创新的鲜明标志，强调在专业教育中贯穿思想政治教育的精髓，实现知识传授与价值引领的有机结合，旨在培养德智体美劳全面发展的高素质人才。在大学体育教育这一独特领域，课程思政理念的融入具有深远的意义和实践价值。

体育课程不仅仅是身体锻炼的场所，更是塑造学生品德、强化社会责任感的绝佳平台。体育教师应巧妙地将爱国情怀、团队精神、公平竞争等思政元素融入体育教学中，通过实例讲解、案例分析等形式，引导学生树立正确的世界观、人生观和价值观，培养他们成为有担当、有责任的社会公民。

体育教学中融入课程思政，不仅要求学生掌握运动技能，更重视通过体育活动培养学生的创新思维、批判性思考和解决实际问题的能力。例如，通过团队竞技项目，学生可以在策略制定、协作配合中锻炼领导力和团队精神；在个人项目中，通过设定目标、克服困难，增强自我挑战和自我管理能力。

在遵循课程思政理念的同时，大学体育教育应尊重学生个性，鼓励差异化发展，利用体育活动的多样性满足学生的不同兴趣与特长。同时，引入全球体育文化，如介绍各国体育历史、传统运动项目，不仅可以丰富教学内容，还能促进学生国际视野的开拓和跨文化交际能力的提升。

体育教学的实践特性为课程思政提供了天然的实验场。通过组织体育赛事、志愿服务、体育科研等活动，学生能够在实践中体会集体主义精神、规则意识和坚韧不拔的意志品质，将理论知识与实际行动紧密结合，实现知行合一。体育教师应成为学生思想的引路人，通过讲述中国体育健儿的励志故事、体育精神的传承与发展，增强学生的民族文化认同感和自豪感，促进文化自信的树立。

5. "教会、勤练、常赛" 理念

在大学体育教育中，"教会、勤练、常赛" 不仅是三个独立的环节，更是一个紧密相连、相辅相成的教育生态链，共同驱动着体育教育的高质量发展。

（1）"教会"——奠定坚实基础

此环节侧重于体育知识与技能的系统传授。教师需将体育理论与实践紧密结合，不仅教授技术动作，更要传递体育背后的文化、规则以及体育精神，如公平竞争、尊重对手等价值观。通过科学的教学方法，确保每个学生都能掌握体育基本技能，同时激发他们对体育运动的兴趣和热爱，为后续的"勤练"和"常赛"奠定坚实的知识与情感基础。

（2）"勤练"——技能精进的必经之路

在掌握了基本技能之后，持续、规律的练习是提升技能、形成肌肉记忆的关键。高校应鼓励学生形成日常锻炼的习惯，无论是个人练习还是团队集训，都是对"勤练"理念的实践。这一过程不仅能够显著提高学生的运动表现，更重要的是培养了持之以恒的毅力、自我管理能力和对身体极限的挑战精神，这些品质将伴随学生一生，成为其人格特质的重要组成部分。

（3）"常赛"——检验与提升的舞台

参与比赛是体育教育中不可或缺的一环，它不仅是技能的检验场，更是学生心态、策略思维和团队合作能力的试金石。通过定期参与校内外的各种体育赛事，学生可以在真实的竞技环境中经历胜利与失败，学会如何在压力下保持冷静，如何在团队中发挥作用，以及如何从每次比赛中汲取经验、不断进步。比赛的历练能够极大地提升学生的自信心、竞争力和社交网络，同时也是对他们体育精神和人格特质的最好展现。

总而言之，"教会、勤练、常赛"三者环环相扣，形成一个促进学生体育素养全面提升的闭环。

6.核心素养教育理念

在当今社会迅速变化的背景下，大学体育教育正经历着从技能传授到核心素养培育的深刻转型。核心素养教育理念，作为这一转变的指导思想，旨在通过体育教育这一平台，全面促进学生的身体、心理与社会适应能力的协同发展，为学生构建起面向未来的综合能力体系。

体育核心素养具有三大支柱，一是身体素质，体育教育首要任务依然是强化学生的身体素质，通过科学的训练方法，提高力量、速度、灵敏性、协调性及耐力，为学生的终身健康奠定坚实基础。二是心理素质。通过体育活动，特别是挑战性的项目和比赛，学生在成功与失败中学会自我调节，增强心理韧性，培养乐观向上的心态和强大的自信心，以及面对逆境时的积极应对策略。三是社会适应能力，体育团队项目和合作练习可以锻炼学生的身体，在合作与竞争中促进沟通、提升协作能力，增强团队精神，为学生未来适应复杂社会环境打下基础。

培养大学生的体育核心素养，要求体育教师尊重每个学生的个体差异，采用灵活多样的教学方法，如分层次教学、定制个性化训练计划，确保每个学生都能在适合自己的节奏中成长。同时，体育教师应模拟真实的情境，让学生在实践中学习和体验，如模拟比赛、户外探险等，增强学习的趣味性和有效性。为培养大学生的良好心理素质，还应在体育课堂上融入心理健康教育内容，如通过冥想、放松训练等缓解学习压力，以及通过团队活动提升学生的社交技巧和情绪管理能力。此外，体育教育应与健康教育、心理学、社会学等学科结合，拓宽体育教育的边界，如开设健康生活方式讲座、心理韧性训练工作坊，促进学生全面发展。

随着科技的进步和社会需求的变化，大学体育教育将更加注重技术与体育的融合，利用大数据、可穿戴设备等科技手段优化教学和训练方案，实现精准教学。同时，将进一步强化体育教育与社会实践的联系，通过志愿服务、社区体育活动等，增强学生的社会责任感和实践能力。此外，全球化视角下的体育文化交流也将成为趋势，促进学生国际视野的拓展和跨文化沟通能力的提升。

总之，体育核心素养教育理念的实施是一个动态、开放的过程，需要教育者不断创新教学方法，紧跟时代发展，以期培养出具有健康体魄、良好心理素质和社会责任感的未来领导者与创新者。

（三）大学体育教育的目标

大学体育教育的目标是促进大学生身心健康全面发展，增强和提高大学生的体育意识与体育锻炼能力，使之成为满足社会主义现代化建设所需的高层次合格人才。该目标强调了体育教育在促进学生身心健康方面的核心作用，这不仅是对学生个人福祉的关怀，更是服务于国家长远发展需求的战略考量。通过体育教育，培养具有健康体魄、良好心理素质和社会责任感的高素质人才，以适应并推动社会主义现代化建设。

大学体育教育的具体目标有以下几个方面。

（1）增强大学生体质。这一目标直接关联到学生的学习效率与生活质量。良好的体质是学业成功的基础，同时也是未来职业生涯的重要支撑。

（2）掌握知识与技能。这一目标强调了体育教育在传授知识技能的同时，还要培养学生自我锻炼的能力和习惯，这是实现终身体育的关键。通过科学的方法引导，使学生能够根据自身条件制订合适的锻炼计划，从而受益终身。

（3）培养综合素质。这一目标强调通过将政治思想、主体性教育及体育审美等元素融入体育教学中，不仅增强了学生的身体素质，也促进了其道德情操、审美能力和独立思考能力的提升，有助于形成健全的人格。

（4）培养体育人才。这一目标强调发现并培养有潜力的体育人才，为国家竞技体育的发展储备力量，这体现了大学体育在高水平体育人才培养中的重要地位。

大学体育教育目标的设定，既遵循了教育的基本规律，又紧密结合了我国社会经济发展的实际需求，旨在通过体育这一载体，全面促进大学生的身心发展，为社会输送既有专业知识又有强健体魄的复合型人才。这一目标体系的实施，要求体育教育工作者不断创新教学方法，优化课程设置，同时加强与学生个体需求和社会发展趋势的对接，确保体育教育的实效性和时代性。

（四）大学体育教育的原则

1.健康第一原则

当今时代背景下，健康被视为通向美好生活的重要基石，尤其对于正处于成长关键期的青年人而言，其重要性不言而喻。因此，大学体育教学作为高等教育结构的支柱之一，必须将维护和提升学生健康置于所有工作的首要位置。这不仅构成了体育课程的灵魂，也是衡量体育教学质量的重要标准。为深入实践"健康至上"的教育理念，高校需多管齐下。

（1）开设健康教育专题，深化学生对健康知识的认知；依据每个学生的实际情况，定制个性化的体育锻炼计划，以满足其多样化的健康需求。

（2）积极推广阳光体育项目，激励学生拥抱自然，参与户外锻炼。

（3）建立翔实的学生健康档案系统，实现对每个学生身体健康状况的动态监测与管理。

（4）通过与家庭及社区的紧密合作，共同构建一个全方位促进学生身心健康的外部环境，显得尤为重要。

将维护学生健康作为体育教育的首要任务，既是对学生个体福祉的高度负责，也是对社会未来发展的深远考量。

2.适度性原则

适度性原则着重强调在大学体育教育实践中,科学合理地调控练习的时长、强度与频率,旨在避免因运动负荷过大而引发的学生过度疲劳乃至伤害问题,确保所有活动均在安全的范畴内进行。该原则要求在设计运动负荷时,精细拿捏分寸,以维护学生的身心健康,防止过度或不规范练习带来的负面效应。具体实施时,需从以下几个方面细致规划。

(1)优化负荷与节奏配置。教学活动应依据学生的认知发展水平,巧妙布局。初期,可引入具有挑战性的新动作或技巧,激发学生的学习兴趣;随后转而采用相对简单或复习性质的内容,确保学生既能有效吸收新知识,又不至于感到压力巨大。情感管理上,遵循由浅入深的规律,先稳定情绪,再逐步释放活力,利于技能的巩固与创新。

(2)精确掌控教学时间。教师需精准分配讲解与示范的时间,保持两者平衡,既保证信息的有效传递,又留有足够的时间让学生实践与反馈。

(3)强化课前准备。尤其对于依赖户外条件的体育课程,教师需事先考察天气状况,检查场地与器材的安全性,预判并调整可能受季节变换影响的教学计划。例如,夏季宜安排在凉爽时段进行低强度活动,冬季则可适时提高练习密度和强度,既适应气候,又保障训练效果。

3.个性化教育原则

在体育教育领域,个性化教育至关重要,它响应了教育观念的持续革新与学生多元化需求的现状,标志着体育教育进步的重要方向。此方针通过深度发掘每个学生的潜能,激发其兴趣与特长,有力推动学生的个性化成长。研究显示,个性化教育策略能显著增进学生的学习热情与自主性,增强自信心与创新能力,从而全面提升教育成果。

在大学的体育课程设计中,重视并适应学生的个体差异是提升教学实效性的关键。为了有效满足学生的个性化学习需求,体育教师应采取以下策略。

(1)深入了解与建档。教师需细致调研每个学生的身体条件、技能层次、个人偏好等,建立详尽的学生档案。这有助于教师追踪学生的学习进程,为后续的个性化教学奠定基础。

(2)制订教学方案。基于前期的分析,制定符合每个学生特点的教学计划。例如，为不同技能等级的学生匹配适宜的训练策略，或依据学生的兴趣推荐适合的运动项目，以激发其内在动力。

（3）开展多元评价。构建包含技能测试、自我反思、同伴互评等在内的综合评价机制，超越单一的分数评价，全面反映学生的进步与成就。

（4）提供心理关怀与支持。关注学生的心理差异，采取差异化沟通策略，必要时提供专业的心理咨询与辅导，帮助学生有效管理学习中的心理挑战，促进其心理健康。

为高效执行个性化教育，体育教师还需掌握现代分析技术和工具，如利用数据挖掘等手段分析学生行为模式，深入了解其学习习惯与特定需求；应用心理测评软件识别学生的性格特质、情绪状态，为个性化教学提供心理学依据；借助专家系统、AI算法等智能技术，为每个学生提供定制化的学习路径与训练建议，进一步优化教学过程。

4.趣味性原则

大学体育教育的趣味性原则，核心在于体育教学实践中融入趣味元素，旨在唤醒并维持学生的兴趣与参与热情，使学生在一种积极乐观的氛围中享受运动的乐趣，进而增强体育教学的实效性和吸引力。这一原则根植于快乐教育的哲学，即在一种积极、愉悦的学习环境中，个体的学习潜能能得到更充分的释放，学习成效得以显著提升。体育学科尤其适用此理论，通过寓教于乐的方式，确保学生在快乐运动的同时，促进身心全面健康发展。

践行趣味性原则，体育教师需灵活创新，紧密结合学生的特点（包括年龄、性别、个人偏好等），设计出富有创意的教学方案。比如，将体育技能训练融入趣味性强的游戏之中，如团队接力赛、模仿动物行走等，让学生在游戏中学习、在玩乐中成长；创建贴近现实或富有想象力的情境，如模拟体育赛事、探险挑战等，使学生在体验不同角色与情境的同时，增强参与感和运动乐趣。趣味性原则还要求体育课程内容应丰富多样，贴近学生日常生活，涵盖不同运动项目和健身活动，满足不同学生的兴趣与需求，让体育课成为学生期待的课程之一。同时，要创造一个支持性、尊重个体差异的学习环境，鼓励学生之间的正向互动与合作，教师以鼓励代替批评，让学生在无压力的环境中勇于尝试与表达自我。

5.终身体育原则

终身体育倡导个体在整个人生过程中持续参与体育锻炼与活动,强调体育与日常生活的深度融合,使之成为个人生活不可或缺的一部分。在高等教育体育教学框架内,终身体育理念尤为关键,它不仅关系到学生的身心健康与全面发展,更深远地影响其未来的生活品质与幸福感。因此,大学体育课程设计应牢牢把握终身体育的核心思想,致力于培育学生的长期体育意识和习惯,为其一生的健康与幸福奠定基础。

大学体育教育贯彻终身体育原则,必须做到以下要求。

(1)强化基础知识与技能教学。确保学生掌握全面的体育理论知识及基本运动技能,为他们今后独立选择和从事体育活动提供稳固的知识与技能支撑。

(2)激发并保持体育兴趣。采用多元化的教学策略与富有趣味性的课程内容,吸引学生的注意力,唤醒他们对体育活动的兴趣与热爱,提升主动参与体育的意愿。

(3)搭建实践与竞技平台。定期举办校内外体育竞赛与活动,让学生在实战中感受体育的魅力与竞争精神,增强参与感与成就感,同时通过团队合作与个人挑战,提升自信与社交技能。

(4)培养自主锻炼能力。教导学生如何制订个人锻炼计划,评估自身体能状态,以及适时调整锻炼强度与方法,使体育成为一种自我管理和生活质量提升的工具。

(5)树立正确体育价值观。强调体育精神的培养,如坚持不懈、公平竞争、团队协作等,这些价值观不仅适用于体育领域,更能为学生的全面发展及未来社会角色提供正面导向。

6.全面发展原则

在大学体育教育中,促进学生的全面发展是一项重要使命。体育教育不仅担当着强健体魄、优化体质的重任,而且是塑造坚韧不拔的意志力、培养集体协作意识及激发创新思维的重要渠道。通过全方位的体育教学活动,学生不仅能在身体层面上得到锻炼,还能在心智、情感及社会交往能力上获得全面提升,为成为复合型高素质人才铺垫道路。

为了达成全面发展的教育目标,大学体育课程设计需综合考虑以下要素。

（1）身心并重。课程不仅要强化身体训练，提高学生的耐力、力量、速度等体能指标，也要通过冥想、放松训练等方法，关注学生的心理健康，减轻学习压力，提升情绪管理能力。

（2）技能与品德并举。在教授体育技能的同时，融入团队合作、公平竞争、尊重对手等道德教育内容，培养学生的社会责任感、领导力及良好的体育道德。

（3）社会适应与创新能力。通过组织各类体育比赛、交流活动，增强学生的社交能力，让他们学会在团队中沟通协作。同时，鼓励学生在体育活动中探索新策略、新玩法，激发其创新思维和解决问题的能力。

（4）课程丰富与师资强化。高校需不断丰富体育课程种类，引入新兴体育项目，满足学生的多样化需求。同时，加大对体育教师的专业培训力度，提升其教学能力和理论素养，以更好地引导和支持学生全面发展。

（5）主动参与与自我提升。鼓励学生主动参与到体育活动中，根据个人兴趣和体能水平设定目标，通过自我挑战与超越，不断提升个人的综合素质和自我效能感。

（五）大学体育教育的方法

在大学体育教育的实践中，采取合适教学策略以引导学生精准掌握技术动作、提升学习成效，是教育工作者面临的一项核心挑战。下面深入探讨几种关键的教学方法在大学体育教育中的应用。

1.以语言传递为主的讲解法

作为体育教育的基础工具，语言讲解法在大学体育课堂中扮演着至关重要的角色。教师运用清晰、精确且生动的语言，不仅能够加速学生对动作原理的理解和正确姿势的掌握，而且能有效激发学生的学习热情，提升他们的参与度与学习效率。要高效实施此方法，教师应遵循以下几个核心策略。

（1）简明扼要。教学语言应避免冗长和专业术语的过度堆砌，特别是面对初学者时，简练明了的表述更易于学生理解。同时，讲解内容应突出重点，条理清晰，便于学生快速抓住关键信息。

（2）形象描述。通过比喻、实例类比等手法，将抽象的动作概念具体化、形象化，使学生在脑海中形成直观印象，加深记忆。

（3）递进式教学。考虑到体育技能的复杂性和连贯性，教学应按部就班，从最基础的动作讲起，逐步过渡到更高级别，确保学生在扎实基础上稳步提升。

（4）积极鼓励。及时的认可与正面反馈是提升学生自信心和学习动力的关键。无论是在进步时刻还是遭遇挑战时，教师的鼓励与支持都是学生克服困难、持续进步的强心剂。

（5）讲解与示范结合。口头讲解与实际动作展示相结合，使学生能够直观看到动作的正确形态，加深理解，促进技能的快速掌握。

为优化语言讲解法的运用，体育教师应具备高度的灵活性，根据学生的具体情况和学习需求，个性化调整教学内容与方式。同时，融合多媒体素材，如视频演示、动作分解图等，可进一步增强教学的直观性和吸引力，确保每个学生都能根据自身特点，有效吸收知识，享受体育学习的乐趣。

2.以直接感知为主的示范法

在大学体育教育方法体系中，动作示范教学法占据核心地位，此法依赖教师亲自执行技术动作，向学生直观展现运动技能的正确形态与流程，旨在促进学生有效学习并掌握体育技能。尤其在涉及多变动作及复杂组合的体育项目中，动作示范成为不可或缺的教学方法，学生通过观察模仿教师动作，深化对技巧的理解与掌握。

动作示范教学法的优势显著，其直接展现实践操作，使学生能清晰目睹技术细节，加快学习进程。同时，该方法具备高度的针对性与交互性，教师可依据学生的学习进度与能力，灵活调整示范策略，通过动态交流指导学生，增进教学互动性。

在大学体育课程实施中，动作示范法具有多种运用形式，常见的有以下几种。

（1）整体示范。首先进行全面动作演示，为学生构建动作的宏观框架与连贯性认知。

（2）分步示范。针对复合或序列动作，将其拆解为若干单一动作，逐项示范讲解，辅助学生分阶段学习直至完全掌握。

（3）强化重复示范。对于难点动作，教师反复演示，增加学生的视觉接触频次，加深印象，促进技巧内化。

（4）镜像示范。采用镜像对称的方式演示，促使学生自我比对，及时调整偏差，精确模仿动作。

教师应依据教学现场的具体情况，创造性地融合各类示范方式，结合详尽的口头解说，确保学生全面理解动作精髓。运用动作示范法时，教师需留意以下关键点。

第一，确保动作准确无误，保证每个动作的精确度与标准性，以防学生接收错误信息。

第二，注重节奏感培养，特别是在健美操、体育舞蹈等强调身体表现力的项目中，示范时应突出节奏感，引导学生体会音乐节奏与动作间的和谐统一，提升表演的艺术性。

3.以身体练习为主的分解法、完整法、循环法

（1）分解法

分解法是一种将复杂的动作技能分解成若干简单的部分，让学生逐一学习和掌握，最后再将各个部分组合起来，形成完整的动作技能的教学方法。这种方法有助于学生更清晰地理解动作的结构和要点，从而更准确地掌握动作技能。

（2）完整法

完整法是一种要求学生从一开始就尝试完成整个动作技能的教学方法。这种方法可以帮助学生更好地感知和体验动作的整体性和连贯性，从而更自然地掌握动作技能。然而，对于某些复杂的动作技能，完整法可能难以使学生准确地掌握每个细节，需要结合其他教学方法进行补充。

（3）循环法

循环法是一种将多个动作技能按照一定的顺序和节奏进行反复练习的教学方法。这种方法可以帮助学生巩固和提高已经掌握的动作技能，同时增强身体的协调性和耐力。通过循环练习，学生可以逐渐适应并熟练掌握不同动作技能之间的转换和衔接，从而更好地应对实际比赛或运动中的挑战。

二、大学思想政治教育基础理论

思想政治教育是指用一定的思想观念、政治观点、社会规范，对学生施加有目的、有计划、有组织的教育影响，使他们形成符合该社会所要求的思想政治品德的社会实践活动。在我国，思想政治教育是指教育者按照我国社会发展需求对学生进行教育，使他们形成符合我国社会所要求的思想政治品德的社会实践活动。[①]

（一）大学思想政治教育的基本原则

在大学思想政治教育中，确立并坚持正确的教育原则是至关重要的，这直接关系到教育效果和学生思想品德的培养。以下是一些关键的思想政治教育原则，这些原则旨在为教育活动提供宏观指导和规范。

1.求实原则

求实原则本质为"实事求是"，是大学思想政治教育的核心准则之一，深刻体现了马列主义、毛泽东思想及中国特色社会主义理论体系的精神实质。该原则强调在思想政治教育实践中，必须将理论教学与社会动态、受教育者的实际情况紧密结合，通过深入了解和分析现实问题，揭示思想政治教育的内在规律，以期实现教育效果的最大化。

遵循求实原则意味着教育者需承担起主动调研的责任，细致把握教育对象的思想状况、学习生活背景及其面临的实际问题，确保教育内容贴近学生实际，回应其精神需求与困惑。同时，这一原则促使教育活动不断创新方法与路径，灵活运用多种教育资源和手段，使理论传授更加贴近现实，增强教育的吸引力与感染力，从而在尊重教育规律的基础上，有效引导学生树立正确的世界观、人生观和价值观，促进其全面发展，确保思想政治教育目标的顺利达成。

---

① 温瑞, 常建莲, 郑好莉.新时期高校思想政治教育研究[M].北京：九州出版社, 2021：3.

2. 主导性原则

主导性原则在大学思想政治教育中的贯彻与实施，不仅是对教育方向的坚守，也是对教育深度与广度的拓展。这一原则要求教育活动必须紧密围绕党的基本理论、基本路线、基本方略，确保教育内容与党的指导思想保持高度一致，强化社会主义意识形态的引领作用。具体而言，体现在以下几个层面。

（1）政治引领明确。教育活动中要明确传达党和国家的大政方针，强化大学生对中国特色社会主义制度优越性的认识，培养坚定的政治立场和敏锐的政治鉴别力。

（2）价值导向鲜明。通过系统传授社会主义核心价值观，引导学生形成正确的价值取向，树立为人民服务的人生观，培养集体主义和爱国主义精神，促进个人理想与国家民族复兴梦想的融合。

（3）理论与实践结合。将马克思主义理论教育与解决实际问题相结合，鼓励学生参与社会实践，通过亲身体验加深对理论的理解，提升理论转化为行动的能力，使学生在实践中感受并认同社会主义意识形态的先进性。

（4）创新教育方式。适应新时代青年特点，创新教育方法和载体，如利用新媒体技术、互动式教学等，增强教育的吸引力和感染力，让主导性原则在更生动、更多元的形式中得到体现和加强。

（5）关注个体成长。在坚持主导性的同时，注重学生个性差异和发展需求，提供个性化指导和支持，帮助每个学生在追求个人理想的过程中，更好地融入和服务于国家和社会的发展大局。

3. 民主原则

在大学的思想政治教育范畴内，强调民主原则的核心意义在于构建一个基于平等与尊重的互动平台。这要求教育者与受教育者之间的交流不再是一方单纯传授与另一方被动接受的过程，而是一种双向的、富有活力的对话机制。民主原则的本质，在此情境下体现为确保双方都能在维护个人尊严及民主权利的基础上，自由地表达见解，积极参与到教育内容与过程的共创之中。

具体实施时，思想政治教育应当鼓励开放性讨论，为不同的思想和观点提供碰撞交融的空间。教育者需扮演引导者和促进者的角色，而非仅仅是知识的传递者，他们应倾听学生的意见，理解其多样化的背景与需求，以此为基础，共同探讨并确定教育的方向与内容。同时，重视学生的参与权，让他们在教育活动的设计、评估乃至决策过程中拥有发言权，这种参与感将极大地提升教育的实效性和学生的主体意识。

此外，民主原则还强调在教育互动中培养学生的批判性思维，即鼓励学生不仅要接受正面的理论引导，也要敢于质疑，通过理性分析辨别是非，形成独立而深刻的认知。而这一过程的顺利进行，还需依托于有效的反馈机制，确保教育实践能及时响应学生的反馈，灵活调整策略，以保持教育内容的时代性与针对性。

4.实效性原则

实效性原则是评判思想政治教育活动成效的关键标尺，它侧重于评估教育实践后所获得的具体成果，是否有效达成了既定的教育目标。作为一项实践导向的活动，思想政治教育的成功度量需借助量化指标来具体化，这些指标反映出目标实现的程度、效能及资源使用的经济性，概括地说，即评价效果的优劣与影响的深广。

增强思想政治教育的实效性，核心在于方法的科学应用。这意味着教育者必须依据教育任务的特性、内容的差异以及受教育者的具体特点，精心挑选并灵活运用恰当的教育方法。鉴于思想政治教育领域方法的丰富多样性，每种方法背后都有其特定的理论支撑、适用场景和局限性，而教育任务的多变性、内容的丰富性以及对象的独特性，要求教育者具备高度的科学性与针对性，避免机械套用单一模式，确保方法的选择与实施能够精准对接实际情况，以期达到预期的教育成效。

在具体实践中，教育方法与教育任务、对象间的匹配并非固定不变，而是需要教育者依据实际情况的细微差别，巧妙地调适与创新。即便是同一种方法，也能够在不同的教育情境下展现出其独特价值，关键在于科学合理地甄选与运用。因此，深入理解并灵活运用实效性原则，通过科学的方法论指导，对于提升思想政治教育的实效性至关重要。

（二）大学思想政治教育的常用方法

思想政治教育方法是实现教育目的与任务的各种手段、程序和途径，涵盖了教育者与受教育者在思想政治教育实践的全过程。下面主要分析大学思想政治教育中常用的几种工作方法。

1. 理论教育法

理论教育法作为中国共产党在长期思想政治工作实践中积淀的宝贵经验，是强化思想理论基础、提升民众思想认识的有效路径，尤其在高等院校的思想政治教育领域占据核心位置。该方法体系旨在通过系统化、规范化的教育活动，向学生传授马克思列宁主义、毛泽东思想、中国特色社会主义理论体系等深层次理论知识。

具体操作上，理论教育法强调教育过程的规划性和目的性，教育者依据精心设计的教学计划，向受教育群体深入浅出地讲解这些理论体系的核心要义，旨在帮助学生建构科学而全面的世界观、人生观和价值观结构。通过课堂讲授、研讨会、专题讲座等多种形式，深化学生对马克思主义基本原理的理解，掌握其分析问题和解决问题的方法论，促使学生在理论学习中逐步明确个人的政治立场，增强政治敏锐性和鉴别力。此法不仅注重理论的深度解析，还致力于理论联系实际，鼓励学生将所学理论知识应用于分析社会现实问题，解决实际困惑。

在大学思想政治教育中运用理论教育法，主要采取以下几种形式。

（1）理论讲授

理论讲授是最基本也是最广泛的应用形式，通过教师的直接授课，将马克思主义理论及其在中国的发展，如毛泽东思想、邓小平理论、"三个代表"重要思想、科学发展观、习近平新时代中国特色社会主义思想等，系统而详细地介绍给学生。课堂上，教师不仅传授理论知识，还会引导学生理解这些理论的历史背景、发展脉络及其现实意义。

（2）理论学习

理论学习强调学生的主动参与和自我探索，教育者通过组织集体学习会、读书俱乐部、理论研讨会等方式，鼓励学生自主阅读经典文献，研讨党的最新政策与理论动态，从而深化对马克思主义立场、观点和方法的理解。

这种形式有助于培养学生的批判性思维和理论应用能力。

（3）理论宣传

理论宣传就是利用现代媒体技术，如互联网、电视、报纸、社交媒体等渠道，广泛传播党的理论、路线、方针和政策。通过制作专题节目、发布理论解读文章、开展线上讨论等，扩大理论教育的受众面，营造积极向上的舆论氛围，使理论教育更加贴近生活、贴近实际，增强教育的吸引力和感染力。

（4）理论培训

理论培训就是通过短期集中培训的方式，针对特定群体进行系统的理论教育和能力提升。比如，党校举办的各类干部培训班，通过高强度、高效率的课程学习，帮助领导干部快速掌握最新的理论成果，提升其理论素养和政策执行力。这种形式因其高效、针对性强的特点，在快速推广新理论、新政策方面发挥着重要作用。

以上这些形式相辅相成，共同构成了大学思想政治教育中理论教育的立体网络，旨在通过多样化的方法提升学生的思想政治理论水平，促进其全面发展，为社会培养具有高度理论自信和实践能力的优秀人才。

2.实践教育法

实践教育法根植于思想政治教育的本质——实践活动，自然而然地成为大学教育体系中不可或缺的一环，对增进个体的思想觉悟与认知水平起着至关重要的作用。该方法的精髓在于，教育者通过精心策划各类实践活动，引导受教育者在实际操作的过程中，同步提升自身的思想境界与理解能力，实现在改造外部世界的同时，深化对自身内在世界的塑造。这与辩证唯物主义观点相契合，即社会实践是连接个体与外界的桥梁，是孕育和验证正确思想的土壤，也是评判思想真伪的最终试金石。因此，实践教育法不仅是构筑正确世界观、人生观、价值观的必经之路，更是促进学生全面发展，确保理论与实践相结合，知识向行动转化的关键策略。

在大学思想政治教育中运用实践教育法，主要采取以下几种形式。

（1）社会服务活动

社会服务活动鼓励学生利用自身的知识与技能，参与到志愿服务中，为社会提供帮助，解决实际问题。例如，参与青年志愿者项目，不仅有助于大学生集体主义精神和奉献精神的培养，还能通过多样化的服务形式（如劳务、咨询、智力支持等），以及面向不同群体和个人的服务内容（如生产、生活、科技、信息等服务），让学生在实践中学习与成长。

（2）生产劳动

通过安排学生直接参与农业或工业等领域的生产劳动，不仅能让学生体验劳动过程，树立正确的劳动观念，还能够培养学生对劳动和劳动者的尊重，以及珍惜劳动成果的习惯。无论是集体还是个体劳动，都能有效促进学生对社会职业的正确认知，形成健康的身心状态。

（3）社会调查活动

社会调查活动就是组织学生深入社会基层，进行有目的、有计划的考察、访谈和调查研究，旨在让学生亲身体验社会，深化对社会现实的理解和全面认识。通过问卷、访谈、座谈等多种调查方式，学生能在实践中学习如何将理论知识与实际情况相结合，培养求真务实的精神风貌。

（4）社会实际业务工作

社会实际业务工作主要是将学生置于真实的业务工作环境，通过完成具体任务或参与社会工作、教学实习、技术协作等，使学生在实际操作中得到思想、能力和体质的全面锻炼。在具体业务实践中，学生不仅能够提升专业技能，还能在实践中提升思想道德素质，实现知行合一，成长为具有实际工作能力和社会责任感的人才。

3.典型示范教育法

典型示范教育法在大学思想政治教育方法体系中占据着举足轻重的地位，其核心在于运用那些在特定时期或领域内展现出显著正面或反面特质的人物与事件，作为活生生的教材，以此来启发、激励或警醒受教育者。这种方法通过挖掘和展示典型人物或事件的鲜明特色、成就以及背后的精神实质，为学习者树立起可触及、可效仿的榜样，或者揭示错误行为的严重后果，进而引导人们自觉地向善向好，或是避免重蹈覆辙。

典型按照性质来分，有正面典型和反面典型，下面具体分析这两种类型的典型示范。

（1）正面典型示范

正面典型示范在思想政治教育实践中的运用，聚焦于挖掘并展示那些体现了时代精神、积极向上、具有广泛影响力的人物与事件，以此为范例来引导和启迪受教育者。选择正面典型时，关键在于紧密贴合时代的脉动，彰显时代特质，映射社会进步与价值导向的主流，确保所选典型不仅源自真实生活，且与大众情感紧密相连，寻求理想与现实、先进性与群众基础的完美交汇点。

正面典型教育的实施要注意以下几点。

第一，通过鲜活实例解析抽象理念，使复杂的理论变得易于理解，触动心灵，促进受教育者思想境界与认识层次的提升。

第二，正面典型应被赋予强大的激励潜能，作为他人追赶的标杆和前行的动力，激励受教育者在具体榜样身上看到可实现的目标，激发内在的模仿与超越动力，放大正面典型的示范引领力量。

第三，对于正面典型人物，应给予应有的关怀与尊重，保证其宣传真实可信，避免过度美化与夸大，保护其日常生活与工作的正常秩序，确保正面典型能够持续、健康地发挥其稳定的示范效应，成为社会持久的正能量源。

（2）反面典型示范

反面典型示范在思想政治教育中扮演着独特的角色，通过展示错误行为与失败案例，提醒和告诫人们引以为戒，避免重蹈覆辙。实施反面典型教育时，需把握两个核心要点。

第一，确保反面典型的时效性和典型特征。如同正面典型的选择，反面典型亦需紧扣时代脉搏，具有鲜明的时代特性和广泛的代表性。所选取的案例应当直指当前社会或特定群体中存在的典型问题，这些问题源于错误价值观导向，导致了严重后果，对个人成长或社会风气造成负面影响，足以引起公众的广泛关注和深刻反思。

第二，强化反面典型的警醒与反思功能。反面典型以其强烈的警示作用，能够深刻触动受教育者的内心，促使他们自我反省，检查自身是否存在类似倾向或行为偏差。通过深入剖析反面案例，让受教育者认识到错误行为的社会危害性和个人代价，从而在内心筑起防线，主动校正行为，规范自身言行。例如，在反腐倡廉教育中，曝光并分析贪腐官员的堕落轨迹，不仅能够震慑潜在的违规行为，还能激发广大干部深刻自省，坚定理想信念，坚守清廉本色，始终将人民群众的利益放在首位。

第二节　新时代大学体育教育的使命与改革发展

一、新时代大学体育教育的历史使命

高等院校作为国家人才培养的高地，承载着为社会发展培育高素质人才与推动社会全面转型的崇高使命。近年来，随着我国在经济、科技及文化领域的迅猛发展，国家正处于实现民族复兴、共建人类命运共同体的关键节点。在此背景下，体育教育作为促进学生身心健康、实现全面成长不可或缺的一部分，却在当前应试教育的大环境下遭遇了学生体质下降、政策实施效率不高等难题，这无疑对高等院校提出了新的要求。

因此，高等院校必须深刻领会并贯彻党的教育理念，将立德树人作为根本任务，积极探索大学体育教育的新路径，以期在新时代背景下，克服体育教育领域面临的风险与挑战，推动其向更高水平发展。这意味着，高校需在体育课程内容、教学方法、评价体系等多个层面进行创新与改革，既要注重提升学生的体育技能，也要重视体育精神与理论知识的传授，通过丰富多样的体育活动，激发学生的参与热情，培养他们终身体育的习惯，从而在全面提升学生体质的同时，也为培养具有国际视野、创新精神和社会责任感的高素质人才奠定坚实基础，不负时代赋予大学体育教育的光荣使命。

（一）深入贯彻落实立德树人根本任务

新时代背景下，大学体育教育被赋予了前所未有的历史使命。党的二十大报告明确指出，要全面贯彻党的教育方针，落实立德树人根本任务，培养德智体美劳全面发展的社会主义建设者和接班人。体育教育在培养人才方面具有独特价值和重要地位，它不仅是增强学生体质、传授运动技能的平台，而且是塑造学生品德、磨炼意志、培养团队合作精神和公平

竞争意识的重要途径。应充分利用体育教育的特殊育人功能，构建"全员、全过程、全方位"的育人新生态，确保体育教育在促进学生全面发展中的作用得到充分彰显。在这一过程中，体育教育应通过"教会、勤练、常赛"的实践模式，不仅教会学生运动技能，更重要的是激发他们的内在动力，使之形成积极参与体育活动的生活方式，从根本上改善大学生体质健康状况，降低近视率和肥胖率，从而为社会输送更多身心健康的高素质人才。此外，大学体育教育的高质量发展还需与时代需求紧密结合，融入科技创新元素，利用智能化、大数据等现代技术手段，精准评估学生体质健康状况，个性化定制锻炼计划，使体育教育更加科学化、个性化，进一步提升教育质量和效果。

总之，新时代大学体育教育要通过全面而深入地践行立德树人，塑造学生的强健体魄，培养其坚韧不拔的意志品质和高度的社会责任感，为国家和社会的可持续发展贡献力量。

（二）坚持"健康第一"的教育理念

新时代背景下的大学体育教育，承载着重塑教育理念、推动教育体系全面均衡发展的历史使命，其中"健康第一"的理念尤为重要。这一理念不仅是对长期以来应试教育偏颇的一种矫正，也是响应国家发展战略、提升国民整体健康水平的迫切需要。习近平总书记的指示，为新时代大学体育教育指明了方向，强调了体育在培养学生全面发展中的基础性和优先性地位。

高等院校作为培养高级人才的摇篮，应当成为"健康第一"教育理念的积极践行者和推广者，具体应构建以健康为核心，涵盖体育技能、健康教育、体育文化和运动心理等多维度的体育课程体系，确保体育课程内容的科学性、实用性和趣味性，满足不同学生的需求和兴趣。同时，营造浓厚的体育氛围，鼓励学生参与各类体育社团、校内外体育竞赛，将体育活动融入校园生活的方方面面，让体育成为学生生活的一部分，培养终身体育意识。另外，还要建立和完善学生体质健康监测系统，定期对学生进行体质测试，根据测试结果提供个性化的健康指导和干预措施，有效提升学生体质。

（三）不断深化"体教融合"的育人方针

新时代大学体育教育的历史使命还包括不断深化"体教融合"的育人方针，这是实现高等教育内涵式发展、促进学生全面成长的关键路径。随着体育强国战略的推进，我国体育事业迎来了前所未有的发展机遇，大学体育作为连接学校体育与社会体育的桥梁，其角色愈发重要。深化"体教融合"的育人方针，首先，要求打破传统教育体系中体育与文化学习相隔离的状态，将体育教育内化为人才培养体系的重要组成部分。这意味着要探索体育与专业教育的有机融合，如通过开设跨学科的体育课程，让学生在了解体育科学、运动生理学等专业知识的同时，也能在实践中体验体育精神，培养团队协作、抗压能力等非认知技能。其次，大学要加强体育师资队伍的建设与整合，提升体育教师的专业水平和教学能力，同时引入高水平运动员、教练员，担任兼职或专职教师，以他们的专业技能和竞技经验，丰富体育课程内容，提升教学质量，更好地激发学生的体育热情和潜能。再次，应充分利用现有资源，加强体育设施建设和开放共享，为学生提供优质的体育锻炼条件。同时，积极组织和参与各级各类体育竞赛，通过"以赛促训、以赛促学"的方式，增强学生的参与感和成就感，营造积极向上的校园体育文化氛围。最后，还应建立健全"体教融合"的评价与激励机制，将体育成绩、体育精神表现等纳入学生综合评价体系，激励学生主动参与体育活动，形成良好的体育锻炼习惯。

二、新时代大学体育教育的改革发展

新时代赋予大学体育教育新的历史使命，也对大学体育教育提出了新的要求，高等院校唯有不断改革与创新，才能完成时代赋予的教育使命，达到时代的要求。新时代背景下大学体育教育的改革与创新发展应重点做好以下几方面的工作。

（一）丰富教学内容，创新教学方法

为了推动大学体育教育的持续繁荣与发展，教育者应当积极探索教学内容的多元化，旨在通过丰富多样的体育课程激发学生的学习热情。这要求根据不同的课程模块精心规划教学大纲，确保内容既全面覆盖又突出重点，精简理论讲解，强化实践操作，旨在培养学生对体育活动的持久兴趣，并在此基础上树立终身体育的观念。

在教学方法的革新上，高等院校应当在继承传统教学精髓的基础上勇于创新，灵活融合新兴的教学模式与技术手段。这不仅意味着对现有教学方法的改良与深化，还包括开发新颖的教学模式或是借鉴国内外先进的教育技术。诸如翻转课堂、微课程以及线上线下融合教学等现代化教学法，因其互动性强、灵活性高，特别适合于大学体育课堂，能够有效提升学生的学习积极性与参与度，进而优化教学成果，为当前体育教育注入活力。

（二）加强师资队伍建设，提高教学资源利用率

当前，面对大学体育教育质量提升的关键瓶颈——体育师资力量的短缺，亟须采取有效措施予以加强。首要之策是加大师资培训的力度，通过定期的专业发展研讨会、学术论坛及海外交流项目，拓宽教师的国际视野与专业知识领域，提升其教育教学能力与科研水平，确保每名体育教师都能紧跟时代脉搏，掌握最新的教学理念和技术。同时，积极吸纳具有卓越成就和丰富经验的体育教育人才，优化教师队伍结构，提升整体教学水平。构建科学合理的激励机制，鼓励教师投身于教学方法的创新与科研项目的探索，激发其教学热忱与职业归属感。

在优化教学资源配置方面，学校需实施精细化管理，确保体育场馆、器材等基础设施的高效运转与合理分配，避免闲置与低效使用。通过智能化管理系统，精确追踪资源使用情况，实现按需分配与预约制度，最大化资源使用效益。此外，加强校际合作与校企联动，通过资源共享平台，拓展体育教育资源的边界，引入外部优质资源，丰富教学内容与形式。利用互联网与大数据技术，推动教学资源的数字化转型，创建在线体育课程与虚拟实训平

台，使得学生能够不受时空限制，灵活便捷地接入学习资源，满足个性化学习需求。

强化体育师资队伍建设与提高教学资源利用率是相互促进、不可分割的两大支柱。高等院校必须同步推进这两项工作，以高素质的教师队伍为依托，配合高效的教学资源配置，共同构筑体育教育质量提升的坚固基石，为学生创造更加优质、多元的学习环境，推动体育教育事业蓬勃发展。

（三）优化与完善体育课堂教学模式

随着社会环境变迁及教育改革的深入推进，传统体育课堂教学模式所面临的挑战日益显著，迫切需要一场革新以适应新时代的要求。大学生群体特有的好奇心旺盛、思维活跃且追求挑战的特质，表明他们对新鲜事物充满兴趣，但同时也显现出兴趣易变与持续力不足的问题。这要求体育教育不仅要吸引学生的初始兴趣，还需在教学过程中持续激发并维持这份热情，同时培养他们坚韧不拔的精神。

为此，体育课堂教学模式的优化势在必行，应从灌输式转向启发式，侧重引导而非单纯说教，量身定制学习路径，让每个学生在体育活动中找到自我表达的空间，展现个性，实现个人能力的提升与心灵的成长。这不仅是对传统体育技能传授方式的革新，更深层次的，是将心理健康教育融入其中，促进学生身心和谐发展，培养其高尚的道德情操与独立自主的品格，使之成为有思想深度、情感丰富、意志坚强的个体，并具备自我驱动学习与不断进步的能力。

改革的核心在于破旧立新，打破传统框架，赋予教师更大的创造自由，同时激发学生的主观能动性。这并不意味着放弃纪律与秩序，而是在维护必要教学秩序的前提下，灵活调整教学策略，通过课程内容的多元化与教学手法的创新，如情景模拟、项目式学习、同伴互助等，增强课堂的吸引力与互动性，营造积极向上、充满活力的学习环境。通过这样的方式，我们不仅能提升体育课堂的效率与质量，更重要的是，能够为学生构建一个全面发展的平台，让他们在享受运动乐趣的同时，获得身心的全面发展，为未来的挑战奠定坚实的基础。

下面具体分析大学体育课堂教学模式的改革策略。

1. 依据体育课堂教学的特点进行教学

在改革大学体育课堂教学模式时，首要策略是聚焦于顺应体育课堂固有特性，精准施教。体育课堂是一个动态交互的空间，教材作为媒介，联结教师与学生，引导双方围绕教学内容展开深度互动。然而，体育教学的魅力在于其灵活性与多样性，不存在固定不变的教学模式。教学策略、组织形式应随学生特点、教学内容的不同灵活调整，体现以学生为中心的原则。

因此，构建一个多元、系统且灵活的课堂结构至关重要。该结构需基于课程特色、教学材料、学生实际情况等多重因素精细设计。体育教师需成为课堂的设计师与引导者，不仅精通各种教学组织形式与方法，而且能敏锐洞察课堂需求，适时调整教学策略，确保每一环节都能服务于教学目标的高效达成。这意味着从课程内容编排到教学方法的选择，每一步都要紧密贴合学生的发展需求，旨在创造一个既具挑战性又不失趣味性，能够促进学生全面发展的体育学习环境。

此外，体育课堂应强调体验式学习与情境教学的重要性，通过模拟真实比赛场景、团队合作挑战等形式，让学生在亲身体验中学习技能、策略，同时培养解决问题、团队协作的能力，这样的教学模式更能激发学生的主动学习意愿，增强体育课堂的吸引力与实效性。

2. 实施健身体育教育教学模式

实施健身体育教育教学模式，核心在于激发并维持学生对体育活动的主动参与，同时培养其长期的体育兴趣与意识，以促进身心健康发展和综合素质的提升。该模式倡导通过引导学生亲身参与各式各样的体育活动，确保他们对体育保有持久热情，同时树立正确的体育观念。具体操作时，需细致规划活动范围与规则，确保教学环境的安全有序。这不仅有助于维护良好的课堂纪律，还能有效提升教学效率，使教师能更专注于指导学生提升身体素质与运动技能，最终在享受运动乐趣的同时，培养出健康的身体与心理状态。

3. 合理利用竞技体育教育教学模式

竞技体育教育教学模式的应用，是对传统教学的一次升级，它追求更高的标准与要求。该模式在体育课堂上的实施，显著特点是对学生进行全面评价，不仅评估技术表现，还涉及对课堂认知、学习态度及裁判意识的评价。

这意味着除了强化运动技能训练与专项体能提升，该模式还着重于实践应用，鼓励学生将所学技术应用于实战，争取竞赛佳绩。此外，它还强调裁判知识的学习与基本裁判能力的培养，使学生能在比赛中实践这些知识，加深对体育规则的理解与尊重，从而在竞技体育的平台上获得更全面的发展。

（四）科学建立教学评价体系，增强体育育人效果

科学的教学评价能够客观、全面地反映学生的学习成果和教师的教学质量，为教学改进提供有力依据。为了构建与完善大学体育教学评价体系，我们需要从以下几方面努力。

1. 制定明确的评价标准

学校应当设计一套详尽明确的体育教学评价标准，旨在精准衡量学生的体育学习成效及教学的整体质量。这一标准体系需广泛覆盖学生的身体条件、技能掌握程度等多个维度，并确保各项指标均可测量、易于执行。同时，将学生的学习积极性、课堂互动情况纳入评估范畴，利用观察记录、调研问卷等手段采集相关信息，确保评价的全面性。值得注意的是，随着教学进度的推进和教学目标的变化，评估标准也应灵活调整，以保持其针对性和时效性。

2. 采用多元化的评价方法

为了获取学生表现的全方位视图，必须采纳一系列多元化的评估工具和技巧。超越常规的测试与评分体系，整合自我评估以促进学生的自我反思能力，以及同伴评价以增强相互间的反馈与理解，同时结合教师的直接观察，这样不仅能多角度捕捉学习成效，还能培育学生自我认知与批判思考的技巧。针对教学内容的特性和学生的个性差异，精心挑选最合适的评估方式，以达到最佳评估效果。此外，融入现代科技辅助评估，如应用运动数据分析软件监测技能进步，使用心率监测设备来精确量化体能状态，这些都能够极大提升评估的准确度与效率，确保体育教学反馈更加科学、精细。

3. 增强教学反馈的及时性和有效性

在体育教学评估环节构建一个迅速响应且富有成效的反馈机制极为关键。教师应当致力于即时反馈，一旦识别学生在技能掌握、体能发展或学习

态度上的问题，即刻提出明确的指正与个性化的改进建议。这样的即时反馈有助于学生及时纠正错误，加速技能掌握过程。同时，创造一种鼓励学生主动寻求反馈的文化，激励他们积极参与自我评估，勇于提问和探索个人成长的空间。通过这种双向互动，学生不仅能够获得调整学习路径和策略的具体指导，还能培养出自省能力和自我驱动学习的习惯，从而在体育学习过程中实现持续的进步与提升。

（五）建立健全体育教学管理制度

为了全面提升大学体育教学管理的效能与层次，构建一套严谨且高效的体育教学管理体系至关重要，为教育工作的稳定开展奠定坚实基础。具体实施策略包含两大关键点。

第一，强化体育教学档案系统的完备性与规范性。当前，虽已初步建立了教学管理制度，但在实践中往往暴露出不够系统、缺乏连续性等问题，导致资源与信息的流失。因此，亟须加大对教学档案管理的投入与重视，确保每一环节的信息都能被准确记录、妥善保存。这不仅有利于教学资料的快速检索与分享，更重要的是，通过对历史数据的分析，能够精准识别教学中的优势与短板，为教学模式的迭代升级、策略调整提供数据支持，进而提升教学效率与质量。

第二，构建严密的监督与奖惩机制是确保管理制度有效执行的关键。一个健全的体育教学管理体系，离不开所有参与者——特别是管理人员与教师的积极参与和严格遵循。为此，必须设立一套明确的监督流程与相应的奖惩规定，确保各项规章制度不流于形式。监督机制的建立，可促进管理决策的透明化与执行力的强化，及时发现并纠正执行偏差；而合理的奖惩制度，则能显著提升人员的责任感与积极性，保障体育教学管理工作的顺畅运行与持续优化，最终推动体育教学质量迈向更高台阶。

第三节　新时代大学生思想政治教育主渠道建设

一、新时代大学生思想政治教育的主渠道：思想政治理论课

（一）思想政治理论课的内涵

新时代背景下，大学生思想政治教育的核心载体聚焦于思想政治理论课，这是一个旨在深化学生对马克思主义理论精髓理解与培育学生思想政治素养的综合性教育平台。此课程体系不仅助力学生个人理论水平的提升，同时也对整个社会的思想政治风貌产生积极影响。其教育过程紧密融合教学实践，强调通过精心设计的教学内容、关注个体发展的受教育者、具备高度素养的教育者，以及灵活多样的教学方法，共同构筑起一个高效运转的教学生态系统。课程内容立足于深厚的学科理论，以"马克思主义基本原理概论""毛泽东思想和中国特色社会主义理论体系概论""中国近现代史纲要"以及"思想道德修养与法律基础"为四大支柱，形成一个互为支撑、全面覆盖的知识结构，引导学生全面而深刻地理解客观世界。

秉持学生导向原则，思想政治理论课着重于满足学生的全面发展需求，旨在通过课程学习，促进学生思想政治素质的提升，确立正确政治立场，锻造坚定的理想信念和高尚的道德情操。课程设计充分考虑学生的个性化特征与兴趣导向，借助丰富多样的教学策略激发学生的学习热情，激发创新思维与实践潜能。作为我国高等教育体系中不可或缺的一部分，高校思想政治理论课程被列为必修课，其设置与内容均受到国家层面的统一规划与指导，彰显了国家级课程的规格与重要性。

（二）思想政治理论课是落实立德树人的主渠道

立德树人是高等教育的根本任务，它关乎党和国家事业的长远发展。思

想政治理论课程在高等教育中是落实立德树人这一根本任务的主渠道,它不仅是传授知识的讲堂,还是塑造灵魂、培养德才兼备人才的沃土。该课程体系通过深度整合理论与实践,旨在培养学生成为既有深厚理论功底,又能积极投身社会实践,具备高尚品德与强烈责任感的时代新人。

第一,通过系统化的理论教育,思想政治理论课为学生铺设了一条理解与认同社会主义核心价值观的坚实道路,引导他们树立牢不可破的理想信念,形成科学的世界观、人生观和价值观。课程特别强调理论与实践相结合,鼓励学生在实际操作中体验和内化这些价值观念,以此培育出兼具远大抱负与实际行动力的青年一代。

第二,思想政治理论课致力于对学生的全方位教育,不仅聚焦于知识的传授,更重视学生智力、体质、审美等多方面的均衡发展,力求在提升学术造诣的同时,激发学生的创新思维与实践能力,促进其个性与共性的和谐共生,为学生的多元化成长提供广阔空间。

第三,思想政治理论课重视学生心理健康与人格培养,通过人文关怀与心理支持,营造积极健康的成长氛围,帮助学生建立自信、乐观的生活态度,同时强化师生互动与生生交流,为学生的人格健全搭建坚实的社会支持网络。

第四,秉持每个人都有成才潜力的信念,思想政治理论课推行个性化教育策略,尊重每个学生的独特性,提供定制化的学习方案,鼓励学生发掘自身潜能,确保每个学生都能在适合自己的领域发光发热,实现自我价值。

第五,思想政治理论课研究同样注重理论与实践的双重深化,通过不断探索立德树人理念与德育、素质教育的内在联系,为教育实践提供坚实的理论支撑,确保立德树人工作的科学性和实效性,为培养符合时代要求的高质量人才贡献力量。

二、新时代大学生思想政治理论课的教学改革与创新

（一）确立新时代思想政治理论课的功能定位

新时代背景下，大学生思想政治理论课的教学改革与创新是响应时代召唤、应对复杂思想文化环境挑战的重要举措。面对全球化、价值多元与信息爆炸的现状，思想政治理论课的功能定位需与时俱进，以强化其在意识形态引领、爱国主义教育和人才培养中的重要地位。

根据中宣部、教育部联合发布的《普通高校思想政治理论课建设体系创新计划》，思想政治理论课程被鲜明地定位为高等教育结构中的"核心课程"，突出其在意识形态领域的重要影响力及教育体系内的战略地位。此定位不仅验证了该课程的不可或缺性，也深刻反映了它在塑造高等教育版图中的枢轴角色。

教育部在《新时代高校思想政治理论课教学工作基本要求》中进一步重申了思想政治理论课的"核心课程"地位，并强调将其打造成为高等教育发展的灵魂课程。这直接映射出党中央对此类课程的深切关怀与高度重视，敦促各高等教育机构积极响应，积极推进课程的创新改革，旨在深化其思想性与理论深度，同时增进其贴近性和实效性。

《"新时代高校思想政治理论课创优行动"工作方案》则进一步强调充分利用高校思想政治理论课程将习近平新时代中国特色社会主义思想深植人心。同时，要求加强开发高质量教学资源，旨在创立一系列内容精练、思想深刻且形式活泼的示范性精品课程，从而全面提升教学质量和影响力。[1]

（二）精心规划思想政治理论课的教学内容

面对新时代的挑战与机遇，高等院校的思想政治理论课程革新应聚焦于

---

[1] 陆官虎.高校课程思政工作建设研究[M].长春：吉林大学出版社，2021：65.

教学内容的精细化与前瞻性布局。教育机构应紧随时代的脉搏，持续引入新颖元素并迭代课程内容，以期增强教学实效性。尤其在新时代中国特色社会主义事业全面展开及迈向"第二个百年奋斗目标"的征程中，对教学内容进行系统性、前瞻性的规划变得尤为关键。

在此背景下，思想政治理论课程内容设计必须紧密贴合新时代马克思主义中国化最新成果，深刻融入习近平新时代中国特色社会主义思想的精髓。这要求高等教育机构不仅要传授深厚的理论知识，还要着力培育学生的实践能力。

1.理论内容

在理论教学层面，需坚定不移地推动党的创新理论成就贯穿教材修订、课堂教学及学生认知的全过程，即"三进"策略。通过不断充实与拓展思想政治理论课程的知识边界，运用先进理论体系武装大学生的思想，旨在引导他们形成以共产主义为核心的世界观、人生观、价值观体系，稳固其政治立场，强化政治信仰的根基。这意味着课程内容不仅要涵盖经典理论的深度解析，还需融入对当前社会热点、全球发展趋势的马克思主义解读，激发学生的学习兴趣与深度思考，培养其批判性思维与问题解决能力。

2.实践内容

在实践内容维度上，要促进大学生将马克思主义理论精髓与中国特色社会主义实践紧密结合，通过具体实例使理论学习生动化、具体化，具体从以下几方面落实。

在经济建设方面，通过组织学生实地探访经济开发区、高新技术产业开发区等，直观体验中国经济的高速增长、产业升级转型的活力、创新能力的飞跃，以及对外开放的持续扩大。这些实践活动旨在让学生亲历感受中国特有的经济体制优势和强劲发展动力，增强他们对国家经济战略的信任和未来经济发展的信心。

政治建设方面，为增强学生对国家政治体系的认知与认同，可以策划参与模拟政协提案撰写、观摩政府公开会议等活动。这些参与式学习不仅让学生近距离观察民主决策与法治实践过程，还能深化他们对中国特色政治制度的理解，建立更加坚实的政治信任基础。

文化建设方面，鼓励学生积极参与文化场所参观、文化创意项目，如走进博物馆、艺术展览，或是亲身参与到文化创新活动中。这些活动不仅展现了中华文化的历史深度与现代创新，而且能够激发学生对中华文化的热爱、自豪感及传承使命感，促进文化自觉与自信的形成。

生态文明建设方面，结合环境保护、资源高效利用和绿色经济发展的实际案例，安排学生参与环保志愿服务、生态调研等活动。通过亲身体验，学生能更深刻理解可持续发展理念，见证中国在生态文明建设上的不懈努力，从而在他们心中播下环保责任与社会担当的种子。

为了充分落实以上策略，要持续更新教学内容，以反映新时代中国特色社会主义理论与实践的最新进展，并强化实践教学设计，确保学生能够走出课堂、走进社会，将理论学习转化为实际行动，这是培养具有坚定信念、实践能力和强烈社会责任感的新时代青年的关键路径。通过这些综合措施，我们有信心培育出能够适应时代需求、引领未来发展的高素质人才。

（三）创新思想政治理论课教学方式方法

面对新时代的教育环境，高等院校的思想政治理论课程亟须突破传统的教学框架，探索并实践更为灵动、多元的教学途径。鉴于信息时代与网络技术的飞速进步，多媒体与互联网平台已深深融入大学生的生活常态，因此，思想政治理论课的教授方式必须紧贴学生特点与需求，巧妙融合互联网资源与新媒体工具，采用学生们易于接受与喜爱的教学形式，以期高效传递课程内容，显著提升教学成效。

一方面，重视并强化实践教学环节是提升学生实践技能与深化理论领悟的必由之路。教育部门已明确指示，实践教学应成为教学方案的有机组成部分。各高校应积极响应，通过设计丰富多样的实践活动，如社会调查、公益服务、实地考察等，引导学生在实践中融合理论知识，不仅可以增强课程的实用价值与吸引力，还可以促进学生对理论的深刻体悟与个性化理解。

另一方面，应充分利用网络平台的巨大潜力。在信息化、网络化蓬勃发展的背景下，网络教学平台为思想政治理论课程开辟了全新的教学空间。教师可借助慕课（MOOC）、微课程、在线互动论坛等新型教学媒介，丰富教学手段，提升学生的学习热情与参与度。同时，通过大数据分析与人工智能技术的应用，教育者能够精准掌握每个学生的学习需求与习惯，进而提供定制化的学习支持与指导，实现个性化教学。此外，网络平台还是传播正面信息、弘扬主流价值观的有效渠道，有助于营造积极向上、健康有益的网络学习氛围，促进学生全面发展。

第四节　新时代大学生思想政治教育的创新发展

一、新时代大学生思想政治教育创新发展的导向

（一）强化灵魂铸造与基础培育，促进新时代大学生同心同向同行

"铸魂强基"直指教育之本——明确"为谁培养人"。在新时代的浪潮中，大学生群体承载着国家的未来与民族的愿景，他们理想信念的坚韧性直接关系到中华民族伟大复兴梦想的实践之路。因此，将培育具有时代精神的新青年视为高等教育的核心任务至关重要。这要求我们运用习近平新时代中国特色社会主义思想来滋养学生心灵，通过系统性地讲述中国共产党的历史、新中国的发展历程、改革开放的辉煌成就、社会主义运动的全球视野以及中华民族从站起来、富起来到强起来的伟大飞跃，深化爱国主义、集体主义和社会主义核心价值观教育，让坚定的理想信念如同种子般深植于青年学子的心田，促使他们内心"四个自信"生根发芽，牢固确立对马克思主义的信仰，对社会主义和共产主义的坚定信念。

同时，加大青年马克思主义者的培养力度，确保理想信念教育不仅成为一种常态，而且形成规范化的教育体系。通过高端理论宣讲与接地气的讨论交流相结合，对党的创新理论进行深入浅出的讲解，主动解答和应对学生关注的现实问题与时代挑战，以此激发学生的共鸣，促使他们在思想上、行动

上与国家发展同频共振，共同朝着实现中国梦的伟大目标迈进。

（二）坚持思想引领，助推新时代大学生德才兼备

思想引领旨在明确"培养怎样的人"。新时代的大学生正处于观念成型的黄金阶段，他们追求上进、实事求是、勇往直前、敢于探索、创新不止。然而，市场经济的自然属性，如利益优先原则和等价交换理念，不可避免地对他们的价值观念产生一定影响。因此，高等院校必须承担起培养能够肩负民族复兴大任时代新人的重任，紧紧抓住社会主义核心价值观的培育主线，巩固学生的思想品德根基。

高校通过邀请国家勋章和国家荣誉称号获得者、最美奋斗者、改革先锋等优秀人物走进校园，结合重要纪念日、党团主题活动日以及利用革命纪念馆、校史陈列馆等红色教育资源，积极讲好中国故事，塑造中国精神，阐释中国价值观念，汇聚中国力量。同时，创新实施专业课程中的思想政治教育，将爱国爱岗、服务人民、回馈社会的深厚情怀与职业追求融入专业学习之中，激励学生不仅要在专业技能上精益求精，还要在道德情操上树立高标准，真正做到德技并重，以高尚的道德情操引领才华的施展，实现个人价值与社会贡献的和谐统一。

（三）坚持以人为本，促进新时代大学生全面发展

以人为本，旨在解决"怎样培养人"的核心问题。新时代大学生的思想政治教育是一个多维度、综合性的工程，需顺应时代趋势，精准把握当代大学生的思想特质和个性化发展需求，关注其思想动态及理想，提供量身定制的思想引导和支持服务。这要求深化实施全员、全过程、全方位的"三全育人"理念，强化学校、家庭与社会三方协同作用，加速建立一个系统化、高质量的思想政治教育生态系统，确保大学生从高校生活的起点就能正确起步，为未来职业生涯奠定坚实基础。

创新推广"十育人"模块化教育法，借鉴如长安大学推行的"新生教育工程"等成功案例，通过构建包含新生适应教育、专业启蒙与学业指导、生

命安全教育与心理健康发展、经济资助与个人成长、校园文化建设与社会实践等多个教育模块，助力学生迅速适应大学环境，深度融合专业知识，积极参与社会实践，从而在促进学生身心均衡发展的同时，实现其综合素质与能力的全面提升。

二、新时代大学生思想政治教育工作创新实践

（一）思想政治教育工作内容创新

在新时代背景下，推动大学生思想政治教育工作的创新发展，关键在于对教育内容进行革新与丰富，确保其与时代脉搏同频共振。这要求我们不能仅局限于课堂理论传授，更要注重理论与实践的深度融合，通过将抽象理论知识置入具体的社会情境中，如组织学生参与社会实践、实地调研、参观访问等活动，让他们直观感受国家的发展脉络和未来的战略方向，以此深化学生们对中国特色社会主义制度的理解与认同，强化他们的责任感和使命感。

同时，思政教育应紧密跟随社会热点，将经济变迁、科技进步、环境保护、文化多样性等时事议题融入课程，为学生搭建一座连接课本与现实世界的桥梁，拓宽他们的视野，丰富其信息库。在此基础上，着重培养学生的创新创业意识与能力，设立专门的创新创业教育课程，举办创业模拟竞赛、邀请业界精英分享实战经验，以此点燃学生们的创新火花，锻炼他们的实践技能，为社会输送具有创新精神和实践能力的复合型人才。

此外，思政教育内容与教材需不断迭代升级，确保教学内容紧贴时代前沿，回应社会关切，满足学生日益增长的知识需求。通过设计多样化的课外拓展活动，如学术讲座、文化沙龙、志愿服务等，激发学生的学习主动性，培养其批判性思维和创新能力。从宏观层面，需构建一套体系化、覆盖面广、操作性强的大学生思政教育引导框架，坚持"立德树人"的根本任务。而从微观层面，则需构建以高校为核心、多维度协同的育人生态系统，实施全员、全方位、全过程的教育模式，将思政课程塑造为提升学生综合素养和

人文情怀的核心平台，真正实现育人为本的教育目标。

（二）思想政治教育工作方法创新

1.利用新媒体大数据，提高思政教学精准度

在思想政治教育工作方法的革新中，首先要跟随信息化时代的步伐，通过新媒体与大数据技术的应用，来增强教学的针对性与精确性。这意味着，教育者需深刻理解当前大学生群体的思想特质及外部环境变化，依托先进的信息技术手段，高效收集并深入分析学生的思想行为数据，进而精准地评估教育需求与成效，形成闭环反馈机制，驱动教育方法的持续优化与创新。为实现这一目标，思想政治教育正从传统的大规模普遍化策略转向更为细腻的个性化教育路径。

第一，新媒体平台的广泛利用，如社交媒体、在线课程（慕课）、教育应用软件（如"易班""学习通"），以及虚拟现实（VR）、增强现实（AR）技术的应用，不仅极大地扩展了教学手段的多样性与趣味性，还使得教育资源得以跨时空整合与共享。

第二，这种"互联网+思政教育"的新模式，不仅打破了传统教室的物理界限，提高了教学内容的吸引力与感染力，更通过沉浸式、互动式的体验，激发了学生的主动学习意愿，加深了他们对理论知识的理解与内化。

第三，该模式通过促进师生间的即时交流与反馈，增强了教学的互动性和灵活性，有助于教师及时调整教学策略，更好地满足学生的个性化学习需求。

第四，这种精准化、智能化的教育方法不仅提升了思想政治教育的实效性与吸引力，也有效降低了管理成本，为构建高效、开放、包容的现代思政教育体系提供了有力支撑。

在新时代背景下，大学思想政治教育领域正积极探索大数据技术的深度应用，以期达到前所未有的精准化教育水平。通过大数据的高效收集与分析能力，教育工作者能够对每个大学生的思想倾向、行为习惯乃至情绪变化进行细致刻画，形成个性化的学生画像。这种精准画像机制，让教育的触角直接延伸至每一个学生的个体需求，实现了从"批量生产"到"量身定制"的

教育模式转变，极大增强了教育的针对性和实际效能。

大数据技术的介入，使得教育者能够实时监测学生群体——特别是特殊群体的思想动态，及时发现潜在问题，采取预先干预措施，有效避免问题的扩大化。网络行为留下的海量数据，经由智能算法处理后，转化为对学生思想心理状态的深入洞察，为制定个性化教育方案提供了科学依据。无论是课程设计、心理健康辅导还是价值观引导，都能更加贴近学生的实际需求，促进学生的全面发展和个性化成长。为了确保教育效果的持续优化，还需建立健全的信息评估与反馈机制。鼓励学生主动参与反馈，确保反馈渠道的畅通无阻，收集到的数据真实可靠，为后续教育策略的调整与优化提供有力依据。同时，大数据技术的应用不应仅局限在课堂之内，还应贯穿学生的日常学习生活，通过精准推送符合学生兴趣与需求的思政教育资源，实现课上课下教育的无缝衔接，潜移默化地影响学生的思想观念与行为模式。

展望未来，大数据技术将助力思想政治教育在预判趋势、设定教育主题方面发挥更大作用，通过精准捕捉社会与学生思想动态的变化趋势，前瞻布局，做到教育引导的有的放矢。

综上所述，大数据技术的全面融入，不仅提升了思想政治教育的精准度和有效性，更是构建了一个全方位、全天候、全链条的新型教育生态环境。

2.继承创新，与时俱进

在新时代的浪潮中，大学思想政治教育的继承与创新显得尤为重要，它要求教师们具备高度的时代敏感性和创新精神。

首先，教材与内容的定期审视与更新是基础，确保教学内容既能反映最新的理论研究成果，又能紧密对接党的最新政策导向和时代发展需求，让思政课堂充满时代气息，与大学生的思想实际相契合，帮助他们更好地理解并融入这个快速变化的世界。

其次，教学媒介与现代化方法同样不可或缺。教师应当积极拥抱新媒体技术，利用多媒体教学资源和网络平台，将丰富的网络信息有效整合进教学计划中，作为课堂教学的有益补充，这样既拓宽了学生的视野，也为理论与实践的结合提供了更多可能。

最后，灵活多样的教学方法是提升学生兴趣与参与度的有效途径。采用案例教学法，选取贴近学生生活的实例进行深入剖析；组织小组讨论，鼓励学生自由表达观点，培养团队合作精神；开展角色扮演游戏，让学生在模拟情境中体验不同角色，加深对理论知识的理解与感悟。这些教学创新不仅能够活跃课堂氛围，更能引导学生将理论知识应用于解决实际问题，提升其批判性思维和独立分析能力。

（三）思想政治教育工作形式创新

1. 以校园文化为载体，开展渗透式教育

在思想政治教育工作形式的创新实践中，利用校园文化作为载体，推行渗透式教育策略，是强化教育效果、提升学生情感认同的有效方式。这一策略侧重于在日常学习生活环境中自然融入思想政治元素，使学生在无形中接受熏陶，形成正向的价值观和行为习惯。

第一，构建以马克思主义为引领的校园文化生态，确保校园文化的先进性和纯洁性。通过将社会主义核心价值观融入校园环境布置、教学内容设计、日常管理服务等各个方面，形成全方位、多角度的价值观教育网络，让学生在日常的校园生活中潜移默化地接受正确思想的引导和熏陶。

第二，紧密结合新时代中国特色社会主义"五位一体"总体布局，打造积极向上、和谐健康的校园文化氛围。通过举办各类主题活动、展览、讲座等形式，弘扬爱国主义、集体主义和社会主义精神，增强学生对国家、民族和人民的深厚情感，培养家国情怀和社会责任感。

第三，加强共青团组织的作用，提升团组织的凝聚力和战斗力，强化团员队伍的建设和培养，使之成为校园文化建设的生力军。同时，鼓励和支持学生社团的健康发展，利用社团活动的多样性与灵活性，如文学社团、辩论社团、公益社团等，作为思想政治教育的补充渠道，促进学生自我教育、自我管理和自我服务的能力提升。

第四，积极开展丰富多彩的校园文化活动，如"三下乡"社会实践活动，让学生深入农村、社区，了解国情民情，增强社会责任感；"红色之旅"主题团日活动，通过探访革命遗址、聆听红色故事，传承红色基因，坚定理想信念；校园文艺汇演、志愿服务活动等，不仅丰富学生的课余生活，促进学生德智体美劳全面发展，同时也为校园文化注入新的活力，进一步深化校园文化的内涵。

2.衔接家庭、社会、高校，开展日常化教育

大学生思想政治教育工作的创新实践还应着眼于构建家庭、高校与社会"三位一体"的协同教育模式，以实现教育的日常化与全面化。这一模式强调在尊重学生主体性的基础上，整合各方资源，形成教育合力，促进学生全面发展。

家庭教育是这一模式的基石，家长应树立正确的教育观念，通过日常生活中的言传身教，传递正面价值观，激发学生的内在动力，形成良好的行为习惯和道德准则。学校应与家庭建立密切沟通机制，共同关注学生的成长动态，形成互补互助的教育氛围。

高校作为专业教育与价值引领的主战场，应深化教育教学改革，将思想政治教育融入专业课程与实践活动中，实现专业知识学习与价值观塑造的有机统一。通过构建多维评价体系，鼓励学生参与社会实践、志愿服务、创新创业等，将理论学习与社会实践相结合，提升学生的社会责任感和实践能力。

社会层面，政府及社会各界应积极参与到大学生思想政治教育中来，提供政策支持、实践平台和文化资源。比如，政府可以出台相关政策鼓励企业接纳大学生实习实训，社区可以开放资源供学生参与社会治理，非营利组织可以提供更多志愿服务机会，共同促进学生了解国情民意，增强社会参与感和国家认同感。

通过构建"三位一体"教育体系，不仅能够实现思想政治教育的日常化，使其融入学生学习生活的各个方面，还能够促进教育资源的有效整合，形成教育合力，提升教育效果的系统性和持久性。

（四）思想政治教育工作机制创新

大学思想政治教育工作机制的创新主要从以下几个方面落实。

第一，做好整体规划，明确思想政治教育的长远目标、短期任务和具体量化指标，确保目标既有前瞻性又具可操作性。规划应涵盖理论教学、实践活动、校园文化、师资建设等多个维度，形成协同效应。

第二，建立并优化专门的组织机构，负责思想政治教育工作的整体规划、组织协调、执行监督和效果评估，确保每项任务都有明确的责任主体。通过内部管理机制的优化，提升工作效率和执行力。

第三，制定详尽的实施方案，细化每一步骤的操作流程和预期成果，确保各项规章制度得到有效实施。同时，建立健全相关政策和制度，为思想政治教育工作提供坚实的制度保障。

第四，通过社会实践、志愿服务、校园文化活动等多种形式，将理论学习与现实生活紧密结合，使学生在参与中感悟、在体验中成长，加深对国家、集体情感的认知和认同。

第五，构建一套长效运行的工作机制，将思想政治教育嵌入高校教育的每一个环节，形成常态化的教育体系，确保教育效果的持续性和稳定性。

第六，完善多维度、多层次的考核评价体系，对教职工的思政工作成效进行全面、公正的评估，并与个人发展、奖励激励挂钩，激发工作积极性和创新性。此外，利用多种调研手段，如问卷调查、访谈、网络数据分析等，科学评估教育成效，及时反馈评估结果，为持续改进提供依据。

第七，加强辅导员队伍的专业化、职业化建设，发挥其在学生思想引导、生涯规划等方面的关键作用。同时，推进全员、全过程、全方位的"三全育人"格局，形成教育合力。

第八，强化共青团作为党联系青年的桥梁和纽带作用，依托团组织的组织优势和动员能力，整合社会资源，丰富思政教育的内涵和形式。

第九，立足于时代需求、历史发展和国家大局，致力于培养兼具理论素养、专业技能和高尚道德品质的复合型人才，为社会主义现代化建设贡献力量。

第三章　大学体育的思想政治教育功能及其优化

　　大学体育不仅是强健学生体魄的基本途径，更是磨砺其意志、塑造健全人格的关键一环，这一作用与大学生思想政治教育致力于培养人才的宗旨紧密契合，旨在全方位地启发心灵、陶冶情操。因此，系统性发掘并激活大学体育中蕴含的思想政治教育资源，主动发挥大学体育的思想政治教育功能，不仅是适应新时代人才培养需求的必然趋势，也为大学体育与思政教育的融合路径提供了新的探索方向。本章主要对大学体育的思想政治教育功能及其优化展开研究，内容主要包括大学体育思想政治教育功能的重要体现、发挥情况及其优化与完善。

第一节　大学体育思想政治教育功能概述

一、大学体育思想政治教育功能的概念和特点

（一）大学体育思想政治教育功能的概念

大学体育作为思想政治教育的特殊载体，具有思政教育方面的特殊价值，如在促进学生身心健康、提升学生思想素养、增进学生道德素养、增强学生人文素质、健全学生人格等方面具有独特作用。

理解大学体育在思想政治教育领域的功能，需聚焦于两大核心要点：一是认识到大学体育对促进学生个人成长与才能发展的正向效用，这意味着"功能"概念在此处强调的是对个体进步的推动力量。具体到大学体育，它作为一种教育工具，通过体育课程直接参与并积极影响大学生的成长路径，助力他们成为具有高度竞争力和社会责任感的个体。二是要明晰大学体育在促进学生综合性发展上的独特贡献，特别是其在维护心理健康、加强思想品德修养、提升人文素质等方面的不可替代作用。这不是仅局限于知识或技能的传授，而是更深层次地影响着学生的价值观形成、人生观构建以及长远目标的设定。

简而言之，大学体育的思想政治教育功能是通过体育课程对大学生开展思想政治教育，把思想政治教育工作与体育教学结合起来，以体育教学育智、育心、育德，使大学生在积极锻炼身体、享受运动乐趣中健全人格、锤炼意志、提升素养。[①]

大学体育的思想政治教育功能彰显了大学体育蕴含的意识形态特质，它超越了单纯的身体锻炼，承载着培养德智体美劳全面发展的社会主义事业接

---

① 王爽.中国学校体育思想政治教育功能实现路径优化研究[D].大庆：东北石油大学，2014：13.

班人的崇高使命，反映了大学体育教育的核心价值取向和最终目的。

（二）大学体育思想政治教育功能的特点

与其他课程相比，大学体育的思想政治教育功能展现出独到之处与鲜明的特色，这不仅体现了体育课程与其他课程之间的差异，也构成了体育课程在思想政治教育领域发挥作用时与众不同的内在逻辑。细致剖析大学体育在此方面的特性，不仅能够深化我们对其思想政治教育功能理论层面的理解，而且为实践操作中如何高效挖掘与运用其功能，铺设了坚实的理论基石。换言之，认清大学体育的特殊思想政治教育价值，是我们设计实践策略、优化教育过程、充分发挥其在全人教育中不可替代作用的前提与关键。

大学体育思想政治教育功能的特点彰显了体育课程在思想政治教育方面的独特地位和价值，主要特点如下。

1.大学体育思想政治教育功能的集体性

大学体育的思想政治教育功能在集体性项目中得到了显著的体现，这种集体性不仅源自体育运动本身的团队合作性质，还在实践中促进了学生思想政治素质的全面提升。体育课程通过组织集体锻炼、团队竞赛等活动，让学生在互动与合作中直观体验到团结协作、相互支持的重要性。这种体验式学习方式对于培养学生集体主义观念、增强责任感和使命感具有无可比拟的优势。

例如，足球、篮球、排球等团队运动，要求队员间有高度的默契配合与相互信任，每一次成功的传球、防守或得分都是集体努力的结果。在这样的集体活动中，学生不仅能够锻炼身体、提升技能，更重要的是在共同追求胜利、面对失败的历练中，学会坚持、尊重以及牺牲小我成就大我。这些都是思想政治教育中不可或缺的价值观教育。中国女排精神正是体现体育项目思想政治教育功能集体性的典范。它不仅代表着对胜利的渴望和不懈追求，更是一种深厚的爱国情怀与集体主义精神的展现。大学生在参与排球等集体运动中，能够在汗水与欢笑中深刻领悟到团队合作的力量，体会到为集体荣誉而战的自豪感，进而将这种正能量转化为个人成长的精神动力，实现个人价值与集体价值的和谐统一。这种集体性的体育活动，成为思想政治教育的有效载体，让抽象的理念通过具体的实践变得生动可感，增强了教育的效果与深度。

2.大学体育思想政治教育功能的潜隐性

大学体育的思想政治教育功能展现了一种潜隐性的特征，即在体育活动的自然流程中，不着痕迹地融入思想政治教育的内容，使之成为一种无形却强有力的影响力量。这种教育方式不依赖于直接的说教或明确的教育标识，而是借助体育运动的魅力，如团队合作、公平竞争、坚持不懈等体育精神，悄无声息地熏陶和塑造学生的思想观念与道德品质。

体育运动作为学生日常生活的一部分，其固有的趣味性和参与性为思想政治教育提供了天然的融合环境。学生在享受运动乐趣的同时，也在无意识中内化了如集体主义、责任感、规则意识等价值观念。例如，通过团队项目的练习和比赛，学生在追求胜利的过程中学会了协作与牺牲，这些经历比任何言语教导都来得更为深刻和持久。这种潜隐性的教育方法，使得思想政治教育不再是孤立存在的理论课程，而是成为学生生活体验的一部分，更容易引发学生的共鸣和认同。它利用体育运动作为载体，以更加生活化、体验式的方式，激发学生的学习兴趣，提高教育的实效性，使得思想政治教育工作不是仅限于课堂之内，而是贯穿于学生的日常活动之中，真正达到"寓教于乐"的效果。

3.大学体育思想政治教育功能的持续性

大学体育的思想政治教育功能具有长期且持续的影响力。这一持续性实质上与思想政治教育的根本目标相契合——即通过不断的熏陶与实践，逐步塑造和完善个体的思想品德结构。体育运动本身是一种强调持续努力与自我超越的实践，与之相结合的思想政治教育也因此具备了时间上的延展性和深度上的强化性。

在大学阶段，学生正处于价值观形成的关键时期，其思想活跃、易受影响且具有较高的可塑性，这意味着思想政治教育不能仅依靠几次集中的教学，而必须是贯穿整个大学生活乃至更长时间的持续性引导。体育课程作为载体，通过频繁的、规律性的活动安排，自然而然地将思想政治教育内容融入其中，这种融入不显山露水，却能在每一次团队合作、每一次挑战自我的过程中，逐步积淀为学生内在的正能量和道德信念。

此外，随着社会环境的演变和学生群体特性的变化，思想政治教育内容与方法也需适时调整，体育课程中的思想政治教育也不例外。它要求教育者紧跟时代步伐，精准把握学生的精神需求和心理状态，适时引入与时代背景相符的新鲜元素，使体育活动成为传递时代精神、激发青年责任感和使命感的有效渠道。

二、大学体育思想政治教育功能的具体体现

大学体育思想政治教育功能的具体体现如图3-1所示。

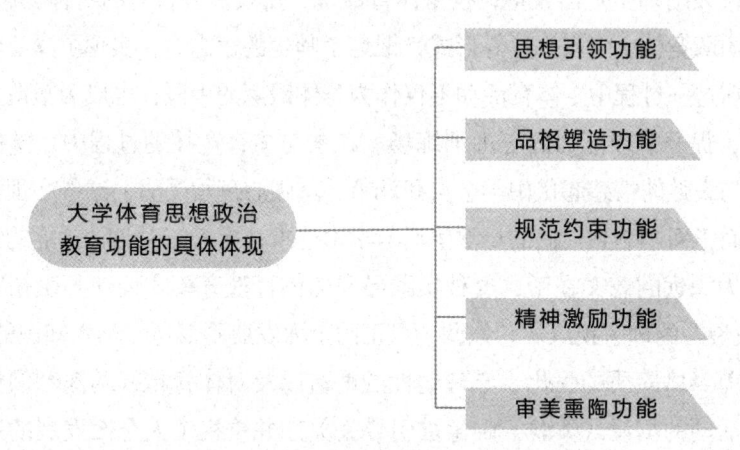

图3-1 大学体育思想政治教育功能的具体体现

（一）大学体育的思想引领功能

大学体育作为一种独特的教育形式，其蕴含的思想引领力量不容小觑，与思想政治教育的导向作用异曲同工，共同服务于培养符合时代要求的高素质人才目标。它基于党的方针政策与国家发展蓝图，通过先进且科学的体育文化理念，为师生勾勒出一条通往理想生活方式的道路。这不仅涉及体育活

动的参与方式，也更深层次地触及个人的思想意识与行为习惯，鼓励并引导师生在体育实践中主动向健康、全面成长的目标迈进，与社会进步的步伐保持一致。大学体育的这一思想引领功能，如同一座桥梁，连接着个人发展与社会期望，它不仅帮助校园群体树立起追求全面发展的生活哲学，还深化了对体育价值的认知，使之成为提升自我、服务社会的积极动力。在这一过程中，爱国主义情感与民族精神得以滋养与强化，成为推动学生个人成长及社会正向发展的精神支柱。因此，大学体育既是身体锻炼的场所，更是塑造时代新人、弘扬社会主义核心价值观的重要阵地。

高等院校通过精心策划与实施校园体育活动，不仅构建了一种积极向上的体育文化生态，还借此平台有效传达了一种理念：在追求人的全面发展蓝图中，强健的体魄与健康的身体状态是所有发展的基础。体育活动的广泛开展，不仅鼓励师生走出教室，投身体育锻炼，切实提升自身的身体健康指标，还通过团队竞技、个人挑战等形式，锻炼了师生的意志力，实现了身心的同步强化。在这一过程中，体育活动不仅作为身体锻炼的手段，也成为塑造坚韧不拔性格、提升抗压能力的心理训练场。在参与体育竞技的过程中，学生在面对胜利与失败的情感起伏中学会自我调节，增强心理承受力，这些心理素质的提升转而正面影响到他们的日常生活与学术追求，成为应对各种挑战的强大支撑。更为深远的意义在于，这种实践导向的体育教育模式促使师生拓宽了对"全面发展"的理解视野。它强调，真正的全面发展不仅包含学术知识的积累，还应涵盖身体素质的强化、心理韧性的锻造以及对体育精神的深刻领悟。通过体育活动的沉浸式体验，师生被引导去关注并重视个人全面发展的每一个维度，力求在身体、心智、道德等各方面均衡成长，向着成为既有深厚学识又有强健体魄、既有高尚品德又有坚韧意志的复合型人才目标迈进。

大学体育教育不仅是强身健体的平台，更是塑造学生爱国主义情怀与民族精神的熔炉。在课程实施中，通过对国际竞技体育史的深入讲解，学生们得以近距离感受我国杰出运动员的心路历程。这些体育健儿在赛场上的每一次飞跃、每一份坚持，都深深根植于对祖国的热爱与对中华民族体育事业的责任感之中。他们的故事，是将个人梦想融入国家荣耀的生动教材，展现了把个人命运与国家体育的辉煌及民族尊严紧密相连的高尚情操。在了解这些事迹的过程中，学生被激发出强烈的共鸣，理解到在体育竞技的背后，是每位运动员对国家使命的承担和对民族精神的传承。他们看到，运动员们如何在家国情怀的激励下，不畏伤痛，勇于突破自我，为国争光，每一枚奖牌都是对国家形象的光辉展示。这种爱国主义精神，不仅体现在运动员为国争胜的瞬间，还体现在他们日常训练中的自律、奉献以及关键时刻以国家和集体利益为先的大局观，乃至愿意牺牲个人以捍卫集体荣誉的高尚行为。

体育运动作为文化传承与精神塑造的载体，其在民族精神层面上的影响力深远而广泛。集体项目如足球、篮球、排球，既是速度与技巧的比拼，更是集体智慧与团队协作精神的展现。在这类项目中，每个成员都需将个人能力融入集体战略之中，通过默契配合与无私奉献来实现团队的共同目标，这正是集体主义精神和团结协作意识的直接体现。在这样的竞技场中，学生们学会的不但是技术和战术，而且更重要的是学会了如何在社会生活中相互支持、共同奋斗。而在田径、游泳等个人项目中，运动员往往需要面对长时间的孤独训练和极限挑战，这要求他们具备极强的毅力、坚持不懈的精神以及面对失败不屈不挠的态度。这些项目的实践，是对个人意志力的极大考验，也是对"滴水穿石""久久为功"等中华民族传统美德的现代诠释，鼓励人们在逆境中坚持，在挑战中成长。至于武术、中国象棋、围棋等富含中华优秀传统文化元素的项目，它们不仅是竞技活动，也是智慧与策略的较量，体现了一种独特的哲学思想和生活态度。武术中的"止戈为武"，强调的是武德与和谐；象棋、围棋中的布局谋略，则展现了深思熟虑、长远规划的智慧，以及"友谊第一，比赛第二"的人文情怀。这些活动不仅锻炼了参与者的思维敏锐度，而且传递了中华民族的友好、谦逊与坚韧不拔的民族性格。

（二）大学体育的品格塑造功能

大学体育教育在学生的品格塑造中发挥着不可替代的作用，它超越了简单的身体锻炼，成为一种综合性的教育工具，深刻影响着学生的身心健康、道德观念、社会交往能力及人格特质。

首先，体育教育对提升学生的自尊自信、缓解心理压力具有显著效果。面对学业和生活的压力，体育活动提供了释放情绪、调整心态的出口，帮助学生建立积极应对挫折的心态，增强心理韧性。通过设定并达成个人与团队的运动目标，学生体验到成功的喜悦，这种正向反馈循环促进了自信心的积累，为他们面对生活中的其他挑战奠定了心理基础。

其次，体育教育强调公平竞争、尊重规则，这在无形中培养了学生的法治观念和社会责任感。在比赛中遵守规则、尊重对手，让学生学会在公正、公平的原则下追求胜利，这对于培养具有社会责任感和良好公民意识的下一代意义重大。

最后，体育活动还是培养学生领导力和创新思维的舞台。在体育队或俱乐部中担任领导职务的学生，有机会练习决策制定、团队管理和冲突解决等领导技能。同时，体育竞技中的策略布局、快速应变要求学生不断创新思考，这些经历为他们未来在学术和职业生涯中的创新提供了宝贵经验。

大学体育不仅是体质健康教育的一部分，更是品格教育、心理健康教育和社会化过程的重要环节。它通过全面发展的视角，为学生成长、为具有高尚道德情操、健康心理素质、强烈社会责任感和创新精神的社会主义事业建设者提供了坚实的基础。

（三）大学体育的规范约束功能

大学体育的规范约束功能在于通过体育活动和竞赛规则的教育与实践，培养学生的规则意识、公平竞争精神和社会责任感，这对学生的全面发展至关重要。

体育活动中的规则是保证比赛公正、有序进行的基础。学生在参与体育活动过程中，需要学习并遵循各项运动的具体规则，这一过程促使学生理解遵守规则的重要性，逐步内化为个人的行为准则，进而延伸至社会生活的其他领域，如学术诚信、法律遵守等，形成良好的社会秩序感。

体育活动中的团队合作、尊重对手、服从裁判等，都是社会责任感的体现。当学生意识到自己的行为不仅关乎个人荣辱，还会影响团队荣誉乃至学校的形象时，他们会更加自觉地约束自己的行为，展现出良好的体育道德和社会责任感。

体育竞赛中的公平原则是体育精神的核心。学生在遵守规则的同时，也在实践中体验到公平竞争的价值，了解到胜利的真正含义是在遵守规则前提下的自我超越，而非不择手段的胜利。这种精神的培养有助于在未来社会竞争中保持正直与尊重，促进社会的良性竞争环境。

体育竞赛中对违规行为的处罚机制，让学生明白任何行为都有其后果，无论是在体育领域还是在日常生活中。这种即时反馈机制教育让学生认识到违规的成本，促使他们在未来做出决策时更加谨慎，考虑行为的社会影响。

（四）大学体育的精神激励功能

大学体育在精神激励方面发挥着独特而重要的作用，它通过一系列具体活动和机制，深度挖掘和提升学生内在的动力与激情，不仅促进了学生体质的增强，还极大地丰富了思想政治教育的实践路径，为学生全面发展搭建重要平台。

思想政治教育中有许多激励人的手段，如民主激励、榜样激励、情感激励、奖惩激励等，这些手段在大学体育中的应用，能够进一步深化大学体育的精神激励功能。

民主激励在大学体育中的应用，意味着学生能够参与到体育活动的策划与组织中来，这种参与感和归属感增强了他们的责任感和自我驱动力。他们不再是被动的接受者，而是活动的创造者与主导者，这种身份的转变促使学生更加积极主动地投身于体育锻炼和团队建设中。

榜样激励通过树立体育领域内的优秀典型，让学生有了可触及的目标和追求的方向。这些榜样展示了如何通过不懈努力和正确态度取得成功，激励学生在体育活动中追求卓越，同时也学习如何将这种积极态度转移到学习和生活的其他方面。

情感激励在体育活动中体现得尤为明显，特别是在团队项目中。体育活动中的成功与失败、汗水与欢笑，都成为情感交流和共鸣的纽带，加深了同学间的情谊，让学生感受到集体的温暖和支持，从而激发出更强的集体荣誉感和归属感。

奖惩激励机制通过明确的规则和公正的评价体系，鼓励学生遵循体育道德，追求个人最佳表现。赛事的奖励不仅限于荣誉证书或奖品，更多的是给予学生内心的成就感和自我价值的认可，这种正面反馈机制成为学生持续参与和努力的强大动力。

大学体育通过其独有的精神激励功能，不仅促进了学生体质的健康发展，还深化了思想政治教育的效果，为学生构建了一个既有挑战又充满激励的成长环境。在体育课程与课外活动中，学生被引入一个充满竞争与合作的环境，这种环境激发了他们的竞争意识和团队精神。他们学会在挑战中寻找自我超越的机会，通过不断的努力和实践，逐步建立起自信与坚韧不拔的意志品质。在这个环境中，学生不仅学会了如何在规则内竞争，更学会了如何在合作中成长，如何在挑战中寻找到自我价值和生命的意义。

（五）大学体育的审美熏陶功能

大学体育在审美熏陶方面展现出独特魅力，它不仅是一种身体锻炼的形式，更是一种美学教育的载体。通过体育活动，学生在享受运动乐趣的同时，也能不断提升个人的审美鉴赏能力和审美情趣。

首先，体育运动之美体现在动作的韵律与形态上。无论是游泳的流畅自如、篮球的矫健跳跃，还是体育舞蹈的优雅和谐，这些体育技能的展现本身就是动态的艺术，蕴含着力量与柔韧、速度与节奏的完美结合。学生在学习这些技能的同时，不仅掌握了技术要领，还在一次次重复和练习的过程中，感悟到了动作背后的艺术美感，这种体验能够极大地丰富他们的审美视野。

其次，体育活动中的团队合作与竞争精神，展现了一种精神层面的美。当学生为了集体的胜利共同努力，那种团结一心、不言放弃的意志力，以及胜利后的喜悦与失败后的相互鼓励，都构成了体育独有的情感美和精神美。这种美是体育精神的集中体现，能够激发学生对高尚情操的向往和追求。

最后，体育活动作为一种社会文化现象，融合了历史、艺术、人文等多种元素，为学生提供了多元化的审美体验。例如，传统武术中的刚柔并济、太极拳的以静制动，不仅展现了身体动作的美学，也传递了深厚的中华文化底蕴，让学生在锻炼身体的同时，领略到文化的魅力，从而提升个人的文化素养和审美品位。

第二节　大学体育思想政治教育功能的发挥情况

体育作为一项蕴含丰富教育价值的活动，在思想政治教育领域展现出独特的影响力。其教育宗旨并不局限于造就专业运动员，而是利用体育独有的方法和平台，培育德智体美劳全面发展的个体，这正好与思想政治教育致力于塑造健全人格的目标相契合。体育课程富含爱国情怀的培育、集体意识的加强、规则尊重的教导以及坚韧不拔性格的磨炼，这些都是思想政治教育内核的直接体现。通过生动、实践性强的体育教学形式，不仅加深了学生对思想政治理念的理解与认同，还为这一领域的教育创新提供了活力与灵感，使之成为连接学生实际体验与思想政治教育理论的桥梁。总结大学体育思想政治教育功能发挥取得的成绩，反思大学体育思想政治教育功能发挥存在的问题，有助于我们进一步优化与完善大学体育思想政治教育功能体系，进一步促进大学体育思政教育功能的充分发挥，培养全面发展的大学生人才。[①]

一、大学体育思想政治教育功能发挥取得的成绩：体育与思政教育融合

目前，对大学体育思想政治教育功能发挥的关注点在于大学体育与思政教育的深度融合及实践样态，具体体现在以下三个方面。

---

① 王爽.中国学校体育思想政治教育功能实现路径优化研究[D].大庆：东北石油大学，2014：17.

（一）体育精神与思想政治教育内容相结合，提升了思想政治教育的实效性

体育作为一种源自社会生活、蕴含深厚文化底蕴的社会活动，其所孕育的体育精神——包括但不限于为国争光的爱国主义、维护集体尊严的集体主义、奋力拼搏的进取心、遵守规则的法律意识——与思想政治教育的核心价值体系紧密相连，不仅丰富了教育内容，更将其转化为一种深入人心的生活哲学和行为导向。

通过参与体育活动，学生能够在亲身经历中深刻体会这些精神内涵，体育因此成为一种活生生的思想政治教育课堂。教育者通过正面引导和强化，帮助学生将体育赛事中的合作精神、公平竞争、国家荣誉感等正面情感和价值观迁移到日常生活和学习的各个方面，实现了从理论到实践、从认识到行动的转化，促进了学生全面而均衡的发展。诸如"友谊第一，比赛第二"的体育伦理，"为祖国健康工作五十年"的长远健康观，"顽强拼搏，为国争光"的使命感，以及奥林匹克运动倡导的"更高、更快、更强"的自我超越精神，都已深深融入我国思想政治教育体系之中，成为培养学生高尚情操和坚韧品格的重要资源。特别是北京奥运会所弘扬的奥运精神，作为体育与思想政治教育完美结合的典范，它不仅升华了以爱国主义为核心的民族精神，也彰显了以改革创新为核心的时代精神，成为推动社会和谐、开放进步和生态文明建设的强大精神符号，激励着亿万中国人民在实现民族复兴的伟大征程中团结一致、不懈奋斗。

（二）体育文化与思想政治教育研究相结合，拓展了思想政治教育的阵地

体育文化与思想政治教育的融合研究，为思想政治教育的实施开辟了新的领域和方式，不仅拓宽了教育的覆盖面，还极大地丰富了教育的内涵与形式。这种结合不仅限于理论层面的探讨，更深入到了实践操作的各个层面，实现了教育理念与社会生活实践的无缝对接。

体育文化的独特魅力在于其广泛的群众基础和深厚的情感共鸣，它通过体育赛事、明星效应、体育故事等多种形式，传递着积极向上的价值观和社会正能量。当我们将体育文化融入思想政治教育时，实际上是利用体育这一全球通用的语言，跨越地域、文化和年龄的界限，触及人心，让思想政治教育变得更加贴近生活、更加易于接受。例如，通过组织观看重大体育赛事、分享体育人物励志故事、参与社区体育服务活动等，可以在轻松愉快的氛围中，潜移默化地传播爱国主义、集体主义、公平竞争等正面价值观念，同时也激发了人们对健康生活的追求和对社会的责任感。

此外，体育文化的推广还能促进社会的和谐与团结，体育活动往往需要团队合作，这种集体参与的过程本身就是对集体主义精神的一种实践和强化。同时，体育竞赛中公平公正的原则，对于培养公民的法治意识和规则意识具有重要意义。通过体育文化的广泛传播，使这些正面价值内化为人们的自觉行为和思维方式，从而在全社会范围内形成积极向上的精神风貌和价值取向。

总之，体育文化与思想政治教育的融合，不仅为思想政治教育找到了新的载体和平台，也为体育文化赋予了更深的教育意义，实现了两者的优势互补，共同推动了全面型人才的培养和社会文化的健康发展。这种创新模式让思想政治教育变得更加生活化、人性化，真正做到了入脑入心，为建设社会主义精神文明贡献了力量。

（三）体育活动与思想政治教育载体相结合，使思想政治教育方式更加潜移默化

体育与思想政治教育的融合，创造了一种全新的教育模式，使得思想政治教育不再是单纯的知识传授，而是转变为一种体验式、参与式的教育过程。这种方式突破了传统教室教育的局限性，通过体育活动这一自然、生动的载体，让学生在参与和体验中自然而然地接受和内化思想政治教育的内容，实现了教育方式的潜移默化和润物无声。

在体育活动中，无论是团队合作还是个人竞技，都蕴含着丰富的思想政治教育资源。例如，团队项目的合作与竞争能够培养学生的集体主义精神、责任感和相互尊重的美德；个人项目则强调自我挑战、坚持不懈，有利于塑

造学生坚韧不拔的意志品质和积极向上的生活态度。这些过程不仅让学生在身体上得到锻炼，更重要的是在心理和精神层面得到了成长，使思想政治教育的元素在享受运动乐趣的同时被悄然吸收。

此外，体育赛事的观赏性和参与性极强，容易引发共鸣，成为传递正能量和价值观的有效渠道。大学生在观看比赛时，会被运动员的拼搏精神、团队的默契配合以及对胜利的渴望所感染，这种情绪化的体验往往比直接的理论讲授更能触动人心，激发爱国情感、集体荣誉感以及对公平正义的追求。

二、大学体育思想政治教育功能发挥存在的问题

（一）功能认知不全面

在调查大学体育思想政治教育功能的发挥情况时，发现存在一个问题：对思想政治教育功能的认知不够全面深入。将思想政治教育巧妙融入大学体育活动，实质上是隐形教育机制的体现，它通过与各类实践活动的无缝对接，悄无声息地达成教育目的，让学生在无压力的环境中接受熏陶。这种隐性教育方式的优点在于，它能够在一种积极向上的氛围中，逐步深刻影响个体，实现教育的长远目标。然而，隐性教育的成效显现通常较为缓慢，因为它依赖于受教育者在参与社会实践过程中的自我体悟，思想政治层面的收获往往滞后于实践体验。尽管长远来看，一旦教育目标得以实现，其正面效应将持续发酵，但在现实中，大学体育往往过于追求短期的、可量化的成果，忽视了思想政治教育价值的持续渗透，加之学界对思想政治教育功能的分类尚无统一标准，导致对该领域功能的理解难以达到全面。

当前面临的另一个挑战是大学体育的角色定位偏差，它被过分简化为技能展示和知识传授的平台，而忽略了其作为"立德树人"关键环节的深远意义。这种认知局限若持续放大，并渗透到学科建设的框架内，可能会加剧学科间的隔阂，限制学术视野，最终社会对大学体育功能的认知将变得片面，"课程思政"的理念也将逐渐淡化。在思想政治教育功能转型的关键阶段，

新旧观念的碰撞与融合尚未形成一套成熟的方法论，对大学体育中蕴含的思想政治教育资源挖掘不够深入，传播渠道亦不健全，体育的正面价值未能有效转化为推动其他领域发展的语言力量，从而限制了大学体育在思想政治教育领域影响力的有效拓展。

（二）功能实践不通畅

大学体育作为教育体系中不可或缺的一环，承载着促进学生全面发展的重要使命，尤其在思想政治教育方面潜力巨大。然而，其功能实践面临着难点和困境，根源在于多方面因素的交织与制约。

随着"全民健身""体育强国"等国家战略的推进，以及"德智体美劳"全面发展的教育理念深入人心，大学体育理应成为衔接社会需求与个人成长的桥梁，但在现实操作中，如何有效融合体育活动与思想政治教育，实现两者在实践层面上的和谐互动，成为一大挑战。大学体育系统的复杂性，涵盖了教学理念、目标设定、内容构建、方法创新、评价体系及管理机制等多个维度，要求这些要素间形成"合力"，共同促进教学活动的正向发展。遗憾的是，当前的大学体育实践中，思想政治教育并未充分渗透到教学的每个环节，内部支持系统对其重视不足，导致其功能发挥受限。

外部环境方面，尽管高等教育机构遵循国家发展导向，致力于弘扬爱国主义、集体主义和民族精神，旨在通过体育活动强化思想政治教育，但社会整体上仍存在重视智育而轻视体育的倾向，学生和家长对体育的轻视态度，不仅影响了学生的身体健康，也为思想政治教育的有效嵌入设置了障碍。更深层次的，在体育教学实践中，部分教师仅将课程目标设定为简单的身心放松，缺乏对体育蕴含的德育功能的深入探索与实践，这进一步削弱了大学体育在培养全面人才中的功能。

面对这些挑战，改善大学体育思想政治教育功能的实践，要求从政府、学校、家庭乃至整个社会层面形成共识，共同努力。提升教师的专业素养与思政意识，强化社会各界的责任感，共同发力，确保体育活动不仅能够强健体魄，还能成为传播正能量、培育正确价值观的平台。在此基础上，深化教育改革，确保习近平新时代中国特色社会主义思想贯穿体育教学始终，实现全员、全过程、全方位的"三全育人",为"体育强国梦"和"人的全面发展"贡献力量。这一过程虽然艰难,却是新时代背景下大学体育发展的必经之路。

第三节 大学体育思想政治教育功能的优化与完善

一、优化与完善大学体育思想政治教育功能的基本原则

(一)导向性与实践性相适应原则

优化并完善大学体育中的思想政治教育功能,关键在于确保其导向性与实践性的有机结合。这意味着大学体育不仅要坚持正确的政治导向,紧密跟随党的教育方针,还需将此导向深入贯彻到体育实践的各个方面,使体育活动成为思想政治教育的生动载体。随着国家的不断发展,思想政治教育的具体导向虽有微调,但其核心始终源自国家顶层的设计与指引,旨在通过体育这一实践平台,培养符合时代需求的高素质人才,服务于党和国家事业的长远大局。

在马克思主义中国化的理论光辉下,大学体育的思想政治教育应牢牢把握这一科学导向,不断巩固教育的基础,推动教育活动健康、有序地前进,确保教育实践始终保持正确的航向。马克思主义哲学强调实践的重要性,故而,思想政治教育的导向性必须与体育教育的实践性紧密结合,通过体育活动开展理想信念、爱国主义及道德规范教育,全面促进学生的综合发展。这既是遵循理论指导实践,实践反馈并验证理论的过程,也是确保教育目标与

实践操作相辅相成，共同促进学生思想与行动同步提升的必由之路。[①]

人的思想观念随时代演进而变化，认识水平则在不断的实践探索中深化，因此，思想政治教育在大学体育中的应用，必须与时俱进，不断创新实践模式，确保教育内容既符合时代特征，又能有效引导学生在参与体育活动中深化认识，提升道德情操，形成正确的价值观。基于"实践—认识—再实践—再认识"的认知规律，大学体育的育人功能和精神内涵在实践中得以彰显，这不仅增强了思想政治教育的有效性，还促进了学生自我品质的持续提升，真正实现了导向性与实践性的互促共生与动态平衡。

（二）人文性与科学性并重原则

在优化与完善大学体育的思想政治教育功能时，贯彻人文性与科学性并重的基本原则显得尤为关键。

人文性立足于人性的光辉面，强调树立积极健康的价值取向与行为准则，要求大学体育的思想政治教育实践应以人的全面发展为核心，尊重学生的主体地位，关注其内心世界与情感需求，营造一个以人为本、促进学生主动认同与积极参与的教育氛围。教育者需秉持民主、平等待人的理念，通过体育活动与学生建立积极的互动关系，灵活运用多种方式，将思想政治教育内容自然融入体育训练与竞赛之中，润物细无声地滋养学生的心灵，培养其高尚的品德与坚韧的意志。

科学性原则则侧重于遵循教育的客观规律与实际情况，摒弃任何脱离实际的教条主义与形式主义，以马克思主义为理论基石，坚持共产主义远大理想的引领，确保教育内容与方法的先进性与实效性。这意味着思想政治教育工作需依据学生思想品德发展的科学规律，采用实事求是的态度，采取合理的策略，确保教育过程既严谨又贴近学生实际，从而在大学体育平台上，构建起与社会主义核心价值观相契合的思想道德体系。

将人文关怀与科学方法相结合，不仅丰富了大学体育的思想政治教育内

---

① 常益.大学体育的思想政治教育功能研究[D].长春：东北师范大学，2019：32.

涵，还在充满活力与美感的体育活动中，激发学生的情感共鸣与价值认同，最大化地发挥了体育在塑造学生思想意识、强化意识形态教育方面的作用。

（三）先进性与广泛性相一致原则

在当今快速变迁的社会背景下，优化与完善大学体育的思想政治教育功能，需牢牢把握先进性与广泛性相统一的原则，确保教育实践既紧跟时代步伐，又深入学生群体，形成广泛而深刻的影响。

先进性意味着思想政治教育必须是时代的镜像，映照出社会发展的最新趋势与要求。这要求我们在大学体育中融入最新的理论成果，如马克思主义中国化的最新阐述，以及与当前经济社会发展相适应的价值导向，确保教育内容鲜活且具有前瞻性。同时，创新教育形式，利用现代科技手段和学生喜闻乐见的方式，如数字媒体、互动体验等，让思想政治教育焕发新生机。

广泛性则强调了教育的普及与包容性，旨在构建一个全员参与、无死角覆盖的教育环境。这意味着大学体育不应仅限于少数体育特长生，而应成为连接每一个学生的桥梁，通过多样化的体育活动与文化氛围，让思想政治教育的理念渗透至每一个角落，触及每一个学生的心灵。在此过程中，特别注重吸引青年群体，因为他们不仅是国家的未来，还是推动党和社会主义事业持续前进的新鲜血液。

确保先进性与广泛性相一致，还要求我们不断审视和调整教育策略，既要继承和发扬优良传统，又要勇于创新，使思想政治教育与当代青年的实际需求紧密结合，激发他们的爱国情怀、奋斗精神和社会责任感。在这个过程中，大学体育不仅是一种锻炼身体的方式，而且是塑造学生全面素质、强化国家认同与社会责任感的有效平台。

（四）内涵性与利益性相协调原则

在深化大学体育思想政治教育的实践中，内涵性与利益性相协调构成了至关重要的基本原则。这一原则要求教育活动既深深植根于坚定的理想信念与正确的世界观、人生观、价值观之中，又切实服务于学生的个人成长与全面发展，两者相辅相成，不可偏废。

内涵性强调的是以社会主义核心价值观为引领，构筑起学生的精神高地，引导他们树立共产主义远大理想，共同为中华民族的伟大复兴贡献力量。这不仅是对马克思主义理论精髓的遵循，也是对学生深层次思想意识的塑造，确保教育方向的正确性与深远性。

利益性则着眼于人的全面发展，响应学生在知识学习、身心健康、职业规划等方面的多元需求，体现"以人为本"的发展理念。在大学体育中融入思想政治教育，不仅要培养学生的运动技能，更要在此过程中促进其个性发展，满足其对美好生活的向往，助力其实现个人价值与社会价值的和谐统一。

将内涵性与利益性相协调，意味着在大学体育的思想政治教育中，既要坚持社会主义意识形态的主导地位，用共同理想凝聚人心，又要关注学生个体差异，尊重并促进每个人的利益实现。这样的教育模式，既巩固了学生的思想根基，又激发了他们的内在动力，是通往个体成功与国家繁荣的双赢之路。

总之，优化与完善大学体育的思想政治教育功能，关键要找到内涵性与利益性之间的平衡点，通过高质量的教育内容与形式，强化学生的理想信念，促进其全面发展，使之成为既有远大抱负又能脚踏实地的时代新人。

（五）内驱性与外显性相统一原则

优化与完善大学体育的思想政治教育功能，还必须关注内驱性与外显性的和谐统一。这一原则基于对学习本质的深刻理解，即学习是源自内心的自觉行动，而非简单的外界刺激反应。在大学体育这一平台上，思想政治教育的目标是激发学生的内在动力，使其情感、认知与外在行为表现相协调一致，确保学生的内在信念与实际行动相辅相成。

教育实践应聚焦于学生内在世界的培育，通过深化其对世界、自我及价值观的认知（内驱性），引导其形成积极主动的行为习惯（外显性）。这不仅是知识的传授，更是情感的共鸣、信念的确立与行为的示范，促使学生将中国特色社会主义核心价值观内化为个人的道德准绳，并自然地体现在日常行为之中。

　　大学生思想品德的塑造，是一个涉及知、情、意、信、行多维度的复杂过程，受社会环境的深刻影响。因此，大学体育中的思想政治教育必须内外兼修，内在侧重于心灵的启迪与教化，外在则通过合理规范引导行为，确保教育内容既能触动学生的内心世界，又能有效指导其外在表现。尤为重要的是，教育方式需灵活创新，贴近当代大学生的特有思维模式和价值倾向，尊重他们的个性发展与独立思考能力，让教育过程成为一场心灵与行为的双重觉醒。

　　总之，大学体育思想政治教育的优化与完善，旨在构建一个由内而外、知行合一的教育生态。通过激发学生的内在动力，顺应其个性化需求，同时在外在环境中树立正向标杆，促使学生在认知与行为上达到高度统一。

二、优化与完善大学体育思想政治教育功能的基本路径

　　在当今社会对全面型人才的迫切需求下，教育的终极目标聚焦于培养德、智、体、美、劳均衡发展的人才，这不仅是对应试教育向素质教育转变的积极响应，还是教育理念从"知识灌输"向"人的全面发展"深刻转型的体现。教育体系愈发重视"以人为本"与"科学发展"，力求在教育实践中融合个体的生理、心理及智力潜能的全面提升。体育作为一种融理论知识与实际操作于一体的教育形式，超越了简单的身体锻炼范畴，成为培养学生全面素质不可或缺的一环。它是基于人的本性发展起来的，不仅满足了个体对身体健康和情感释放的基本需求，还深刻体现了人的主体性和实践性。因此，大学体育被赋予了新的使命——探索创新路径，使其在增强学生体质的同时，也能够成为思想政治教育的有力载体，实现教育过程的深度人性化。要达成这一目标，关键在于将体育与思想政治教育巧妙融合，创造出既能够锻炼学生身心，又能引导其形成正确世界观、人生观和价值观的教育模式。这意味着大学体育不应仅仅停留在技巧训练和体能提升层面，而应更深入地挖掘体育活动中的教育意义，如团队合作、公平竞争、坚持不懈等正面价值，使之成为传递社会主义核心价值观和培养高尚品德的生动课堂。

具体而言，优化与完善大学体育思想政治教育功能，要从以下几方面入手。

（一）凝练体育精神，丰富思想政治教育内容

体育精神作为体育活动的精髓与灵魂，不仅是运动员汗水与毅力的结晶，更是社会文明进步的象征。它蕴含的公平竞争、团队协作、坚韧不拔等价值观念，与思想政治教育的目标高度契合，为后者提供了丰富而生动的素材库。在大学这一人才培养的关键阶段，深入挖掘和凝练体育精神，不仅能够拓宽思想政治教育的视野，还能显著增强其实践性和有效性。

首先，体育精神通过其独有的实践性和感染力，为思想政治教育开辟了一条直观感受与体验的道路。不同于传统的理论灌输，体育活动中的团结协作、挑战极限、遵守规则等行为模式，能够让学生在参与中直观体会到社会主义核心价值观的实践意义，从而在潜移默化中形成正确的价值判断和行为习惯。

其次，体育精神的提炼与传播，有助于构建积极向上的校园文化氛围，为思想政治教育营造良好的外部环境。通过举办形式多样的体育赛事和活动，如校园马拉松、团体球类比赛等，不仅能够激发学生的参与热情，还能在比赛中培养学生的集体荣誉感、责任担当和公平竞争意识，这些都是思想政治教育中难以直接传授却极其宝贵的精神财富。

再次，将体育精神融入思想政治教育内容，要求教育者具备敏锐的洞察力和创新的教学方法。教育者应当深入研究各类体育运动的独特属性，创造性地设计教学方案，使学生在享受体育乐趣的同时，深刻理解并内化体育精神的内涵，将其转化为个人成长的动力和社会行为的指南。

最后，凝练体育精神，还需借助现代信息技术和媒介平台，扩大其传播范围和影响力。通过制作体育精神相关的视频、微课、在线讨论等多元化学习资源，让更多学生乃至社会公众能够便捷地接触、理解和吸收体育精神，从而达到提升思想道德素质的目的。

（二）加强体育实践，为思想政治教育提供鲜活载体

以体育实践作为思想政治教育的载体，不仅能够为传统的理论教学增添一抹生动与活力，还能够为学生的全面发展提供一个实践与体验的广阔舞台。体育以其独特的魅力，跨越年龄、性别、文化的界限，成为连接个体与社会、情感与理智、身体与心灵的桥梁。它不仅能够锻炼体魄，培养团队精神与公平竞争意识，更重要的是，体育实践中的每一次挑战与超越，都是对个人意志力和品德修养的一次磨砺，是思想政治教育理念在动态情境下的具体体现和深化。

首先，体育活动的多样性和趣味性能极大激发学生参与的积极性，相较于单一的课堂讲授，体育实践以其亲身体验的方式更容易引起学生的情感共鸣和价值认同。无论是团队合作的篮球赛、足球赛，还是个人挑战的田径、游泳项目，学生在参与过程中，不仅能学到技能，还能在汗水中学会坚持、合作、尊重和自我超越，这些都是思想政治教育能够内化于学生心中的重要品质。

其次，体育实践是实现"知行合一"的有效途径。通过参与体育活动，学生不仅能够理解理论知识，还能通过实际行动去体会其中的精神内涵，如公平竞争、规则意识、尊重对手等，这些都是社会主义核心价值观的直接体现。同时，体育活动的普及与推广，有助于形成积极向上的校园文化和社区氛围，为构建和谐社会奠定坚实的基础。要充分发挥体育实践在思想政治教育中的作用，还需要教育者精心设计，注重教育内容与体育活动的有机结合。例如，通过组织体育赛事与文化活动的联动，讲述体育史上的英雄故事，分析体育精神的社会价值，让学生在参与体育的同时，也能在思想上受到启迪，心灵上得到净化。

最后，确保体育实践的健康性和教育性至关重要。选择积极健康的体育形式，避免过度竞争和不良风气的滋生，确保体育活动始终服务于学生身心健康的全面发展，是体育实践作为思想政治教育载体不可忽视的原则。

（三）建设体育文化，创建良好的思政育人环境

在当代高等教育体系中，体育文化的构建成为思想政治教育不可或缺的一环，它为塑造全面发展的新时代大学生提供了肥沃的土壤。大学生群体具有鲜明的个性和活跃的思维，这要求思想政治教育更加贴近实际，更具吸引力和实效性。体育文化的繁荣，恰如其分地搭建了一个生动活泼的平台，不仅丰富了校园文化的内涵，还在无形中培育了学生们的法治观念、规则意识，并引导他们形成积极向上的人生观和价值观。

体育活动作为动态的教育媒介，通过直接参与和体验，让学生在挥洒汗水的同时，深切体会到努力奋斗、团队协作的重要性。无论是个人竞技的自我挑战，还是集体项目的团结协作，体育都以其独特的方式，激发学生的内在潜能，培养出坚韧不拔、勇于探索、尊重规则的宝贵品质。这种实践性的学习过程，相较于传统的课堂讲授，更能触动学生的心灵，使他们在体验中学习，在挑战中成长，自然而然地内化为对国家的忠诚、对集体的热爱以及对个人责任的认知。体育的精髓超越了技巧与体力的范畴，它蕴含的公平竞争、尊重对手、追求卓越的精神，如同一盏明灯，照亮学生的成长之路。在这样的氛围熏陶下，学生不仅锻炼了身体，还在心智上得到了锤炼，学会了如何面对失败与挫折，如何在合作与竞争中找到平衡，这些正是思想政治教育希望传达的核心价值。

因此，体育文化的建设不仅仅是增强学生体质、丰富课余生活的手段，而且是一种深层次的思想引领和人格塑造。它以一种更为亲切、自然的方式，让思想政治教育的理念深入人心，成为促进学生全面发展的重要推手。在这个过程中，体育与思政教育相辅相成，共同营造了一个既有利于身心健康，又富含正能量的育人环境。

（四）改革体育课程，拓展思政育人空间

深化体育课程改革旨在拓宽思想政治教育的实践领域，实现从知识传授向人格培养的跨越。当前，教育实践中存在的重认知轻体质、偏重技术忽视品德的倾向，限制了体育课程在提升学生综合素质方面的潜力。

首先，体育不应仅被视为一项锻炼身体的活动，其内在蕴含的教育价值远超于此。真正的体育教育不仅是运动技能的习得，还是身心和谐发展、品德修养提升的过程。若体育沦为纯粹的技术比拼，忽略了对学生品德和人格的塑造，即便成就斐然，也失去了教育的本质意义。因此，体育课程改革需从根本上做起，既要强化体育技能的教学，也要兼顾学生个性化成长的需求，将体育精神的培育融入日常教学之中。

其次，改革的关键在于转换角色，从以教师为中心转向以学生为中心，鼓励学生主动探索与学习，将体育知识、技能训练与综合素质培养有机融合，使之成为学生自我驱动、持续进步的源泉。这要求教师不仅是技能的传授者，更应成为学生心灵成长的引导者，通过体育活动，潜移默化地传递尊重、合作、坚持等核心价值观，让体育成为塑造学生完整人格的有力工具。

最后，革新课程评估机制，打破单一以技能成绩为评判标准的传统，构建多元化评价体系。体育成绩的评价应综合考虑学生的参与态度、团队合作、努力程度及日常行为表现等多方面因素，采用过程评价与结果评价相结合的方式，确保评价的全面性和公正性。这样不仅能更准确地反映学生的体育学习情况，还能激励学生在日常体育活动中自律自强，培养良好的学习习惯和行为规范。

总而言之，改革体育课程的目标在于深度挖掘并充分发挥其在育人方面的潜力，通过教育理念与教学模式的双重革新，确立学生的主体地位，促进体育与思想政治教育的深度融合。这一过程不仅是对体育课程内容与形式的重塑，也是对教育本质——"育人为本，健康第一"理念的深刻践行。

三、实现大学体育思想政治教育功能的路径优化

（一）深化体育课堂教学，培养爱国主义精神

在体育教学的深化实践中，我们应致力于借助体育的力量，点燃学生心中的爱国主义火焰，使之成为一股强劲的精神动力。体育赛事中的那些震撼

人心的瞬间——国歌响彻国际赛场、国旗骄傲飘展，无一不激发着无数国人的共鸣与自豪。即使身处千里之外，那份对国家的深情与民族的认同感也能跨越时空界限，让每个人的心紧密相连，共同为胜利欢呼，为挑战加油。体育作为一种独特的文化现象，具备了凝聚人心、激发爱国情怀的非凡能力，它无需繁复的言语，就能在人们心中播下爱国与团结的种子。

为了在大学校园体育活动中有效培养学生的爱国主义精神，我们必须创造性地改革体育课堂教学。包括设计一系列富有教育意义的体育课程，在教授体育技能的同时，更要通过历史回顾、英雄人物介绍等方式，让学生深入了解中国体育的辉煌成就与背后的艰辛努力。比如，可以讲述中国女排的顽强拼搏、奥运冠军的励志故事，让学生从这些鲜活的例子中感受到为国争光的荣耀与责任，进而激发他们对国家的深厚情感和对民族的强烈归属感。体育课堂上，通过模拟小型竞赛、团队合作项目等形式，模拟国际比赛的紧张与激情，让学生在参与中体验团结协作、永不放弃的体育精神，这些经历将成为他们理解爱国主义和民族精神的直接通道。[①]同时，鼓励学生反思比赛中的得失，将体育活动中的正面情感和深刻体验内化为个人品格的一部分，形成尊重对手、勇于挑战、坚韧不拔的价值观，这些都是爱国主义与民族情感的生动体现。

总之，深化体育课堂教学，就是要在每一次奔跑、每一场竞赛中，让学生深切体会到身为中华儿女的自豪与担当，让体育成为连接个体情感与国家民族情怀的桥梁，从而在学生心中种下爱国的种子。

（二）规范体育活动，培养法治意识和规则意识

在体育活动中培养学生的法治意识和规则意识，是对现代教育内涵的深刻实践。体育赛事作为体育文化的精华，其存在的基础便是对规则的共同遵循，这为学生提供了理解与实践规则意识的绝佳场景。正如社会生活中法律的不可缺失，体育竞技场上的规则同样构成了公平竞争的基石，是维护秩序

---

① 周颖.论体育的思想政治教育功能[D].长春：吉林大学，2013：27.

与正义的关键。

在体育课堂上，教师应充分利用体育活动的特性，通过组织有序的队列练习、技巧训练等，强调纪律性与规则的重要性。户外课堂的开放性虽然可能带来管理上的挑战，但正是这样的环境为培养学生在相对自由状态下的自律性提供了机会。教师在指导学生动作技巧的同时，更要注重规则教育，让学生明白每项体育活动背后都有其规则支撑，遵守规则是参与的前提，也是对他人尊重的体现。

在非竞赛性质的体育游戏中，规则虽不如正式比赛那样严格，却是培养规则意识的初级阶段。通过游戏，学生在享受乐趣的同时，学会在规则约束下达成目标，这对于他们理解社会生活中规则的必要性大有裨益。教师适时介入与指导，帮助学生意识到即使在看似轻松的环境中，规则同样不容忽视，从而在学生心中根植规则意识的种子。

至于竞技性体育活动，其对规则的严格要求为学生提供了法治意识的直观教育。比赛中对规则的尊重，相当于在模拟社会中对法律的遵守。每一次判罚、每一场公正的比赛，都是法治精神的体现，促使学生认识到违规的后果，学会自我约束，树立正确的胜负观，懂得在规则框架内追求胜利，而非通过违规手段获取不当利益。

总之，规范的体育活动不仅是技术与体能的训练场，更是法治意识和规则意识的培育园地。通过体育教育，学生不仅强健了体魄，还在潜移默化中养成了遵守规则、尊重法律的习惯，明白了无论是在体育领域还是社会生活的其他方面，规则都是行为的准绳，是维护公平、促进和谐的基石。这种教育模式，对于构建文明社会、培养具有高度社会责任感的公民具有深远的意义。

（三）关注体育欣赏，培养个人品位和审美意识

体育欣赏作为体育文化的重要组成部分，不仅是一种视觉与情感的享受，更是提升个人品位与审美意识的有效途径。在当今多元化的社会背景下，体育已经超越了简单的竞技范畴，成为一门融合美学、人文精神和社会价值的艺术。通过体育欣赏，大学生不仅能够领略到体育的外在形态美，也

能深刻理解其内在精神与文化内涵，从而在多个维度上促进个人全面发展。

首先，体育欣赏引导大学生深入理解体育精神的真谛。在观看比赛、分析战术、体会运动员的汗水与泪水背后，学生能够超越胜负，感知到体育中蕴含的竞争与合作、坚持与超越的深层意义。增强了他们对公平竞争、团队协作等价值的认识，促进了他们对个人努力与牺牲精神的尊重，从而在潜移默化中提升了道德情操与社会责任感。

其次，体育欣赏的超越性特质，为大学生提供了一种心灵的释放与升华。在欣赏体育之美时，个体能够暂时忘却现实的局限，体验到精神上的自由与无限。这种超越，让学生在欣赏体育的同时，学会从更宽广的视角审视人生，对待成功与失败抱有更加成熟和理性的态度，有助于形成积极向上、坚韧不拔的人生态度。

再次，通过体育欣赏，大学生的审美情趣和鉴赏能力得以显著提升。体育运动中的流畅动作、团队配合的默契、关键时刻的决策智慧，都是美的不同展现形式。学生在这一过程中学会如何从美学角度欣赏体育，逐渐形成独特的审美观。这种审美意识的培养，对于丰富个人情感世界、提高生活品质具有重要意义。

最后，加强体育审美教育，还需要结合实践活动，如组织学生参与体育评论、举办体育摄影或征文比赛等，使学生在参与中加深理解和感悟。同时，通过教育引导，让学生在欣赏体育之美的同时，能够主动参与体育活动，体验运动的乐趣，实现身心的和谐发展，进一步提升个人品位与综合素质。

（四）构建网络平台，全方位发挥大学体育思政教育功能

构建网络平台，将大学体育与思想政治教育深度融合，是适应信息化时代教育变革的重要举措。通过这一平台，不仅能够拓宽体育教学的边界，还能以更贴近学生的方式，全方位地发挥体育的思政教育效能。

首先，网络平台的构建打破了传统体育教学的时间和空间限制，为学生提供了更加灵活便捷的学习环境。学生可以根据自己的时间安排，参与到线上体育课程、健身指导、健康讲座等活动中。这种自主的学习模式激发了学

生的学习动力，使他们在享受体育乐趣的同时，主动参与到思政教育的讨论中。

其次，利用网络平台的互动性，可以创建多元化的交流渠道，如开设体育思政教育专题论坛、微信群组、在线问答等，鼓励学生分享个人见解，参与问题探讨，形成师生间、生生间的良性互动。这种互动机制促使学生从被动接受知识的角色转变为知识的共同创造者，增强其主体意识，同时也为教师提供了及时了解学生思想动态、精准施教的机会。

再次，通过网络平台整合丰富的教学资源，如视频、音频、图文资料等多媒体素材，可以将抽象的思政理论与体育实例紧密结合，以更直观、生动的方式展示体育精神、团队合作、公平竞争等理念，从而深化学生对社会主义核心价值观的理解和认同，达到润物细无声的教育效果。

最后，网络平台的运用还能够促进个性化学习的发展。教师可以根据学生的学习进度和兴趣偏好，推送定制化的学习材料和思政教育资源，实现因材施教，提升教学的针对性和有效性。

第四章　大学体育教育与思想政治教育融合探索

在当代的大学教育中，体育教育不仅是培养学生身体健康的重要途径，还是思想政治教育的有力载体。本章重点探讨大学体育教育与思政教育的内在关联，大学体育与思政教育融合的价值、理论基础、融合现状、主要困境、实施策略，以及对师生的素质提升与培养等问题进行全面的阐述。

第一节　大学体育教育与思想政治教育的内在关联

以往的大学体育教育更多地专注于对学生体育知识与技能，以及身体素质的提升。然而，通过探索与研究，发现大学体育教育与思想政治教育存在着一定的内在联系。这一研究结果对指导我国的体育课程思政建设具有重要的价值。本节将主要分析二者之间的内在联系。

一、教育对象的相同性

大学思想政治教育与体育教育对象的相同性，以教育对象的普遍性、可塑性与主体性为支撑。

（一）普遍性

在高等教育领域，大学生构成了思想政治教育和体育教育的主要群体，这一群体的普遍性是其显著特点。在我国，思想政治教育渗透于社会的各个层面，展现出其普遍性和全民参与的特性。无论是从事何种职业或工作，每个人都是教育的受益者，受到"每个人都是学习者"的积极影响。在各大学的日常教育实践中，思想政治教育面向所有在校学生，包括专科生、本科生、研究生等不同层次和类别的学生。与此同时，大学体育教育的群体同样具有普遍性，与思想政治教育的受众高度一致。作为必修课程和校园生活的一部分，在国家对大学生体质、体育活动以及全民健身运动的大力推广下，大学体育教育的受众覆盖了所有大学生，并且鼓励社会各界人士积极参与体育活动。因此，普遍性是思想政治教育和体育教育共同的重要特征之一。

（二）可塑性

可塑性指的是个体在外界环境和他人思想观念的影响下，自身观念和态度可能发生的变化和调整。大学生在思想政治教育中扮演着受教育者的角色，可以通过后天的环境熏陶和教育引导来塑造，以实现社会期望的变化，这为思想政治教育的实施提供了良好的机遇。人总是处在不断的发展和变化之中，受教育者的思想道德水平也不是固定不变的。因此，对大学生的思想品德培养需要抓住时机，采取发展性和积极性的方法，进行逐步的引导。同样，作为大学体育的受教育者，大学生的体质和意志品质也是可以通过教育和锻炼来进一步改善和提高的，这正是可塑性的体现。

（三）主体性

思想政治教育是一个动态的、实际的过程，其中个体在教育的实施中，有意识地选择并吸收教育内容，以满足国家和社会的发展需求。同时，必须认识到每个人都是独特的存在，都在不断地成长和变化中，教育者为了实现教育的优质目标，需要采取因人而异的教学方法。无论是思想政治教育还是大学体育教育，这一点都是至关重要的。虽然思想政治教育和大学体育教育面对的是相同的大学生群体，但群体中的每个成员，由于年龄、专业背景、认知水平等差异，展现出不同的思想状态和学习潜力。因此，教育对象具有显著的主体性和主动性。

二、教育目标的一致性

大学生思想政治教育与体育教育的目标存在一致性，可以从提高学生的综合素质、激发爱国热情与促进全面发展三个方面得以体现。

（一）提高综合素质

在高等教育机构中，无论是思想政治教育还是体育教育，它们的核心目标之一便是提升大学生的全面素质。思想政治教育着重于培养学生的思想道德，使他们能够满足国家和社会的发展需求。在我国，大学生作为社会主义事业的接班人，需要增强"四个意识"、坚定"四个自信"、做到"两个维护"，全面提升自身的综合素质，成为新时代的先锋。

在将思想政治教育与体育教育相结合的过程中，可以使体育教育更加具体，目标更加明确。针对不同大学生在体育锻炼中的实际情况，开展思想交流和文化互动，不仅能提高他们的身体素质，还能促进他们的思想品德修养，实现身心素质的同步提升。

（二）激发爱国热情

体育的兴盛是国家强盛的标志，国家的繁荣也促进了体育事业的发展。在构建和谐美丽的中国、丰富社会主义文化的过程中，体育正发挥着日益显著的作用。随着社会的快速进步，体育锻炼已成为人们日常生活的一部分，国家对体育设施的持续投入和完善，使得公众能够随时感受到国家对国民健康的关怀，这不仅让人们感受到国家的发展和力量，也激发了国民深厚的爱国情感。对于大学生群体，通过体育课程与思想政治教育的结合，可以培养他们坚韧不拔、勇于奋斗的精神，唤起他们强烈的爱国心。例如，在武术训练中，学生不仅能够学习到中华民族的优秀传统文化，还能了解历代战争中的战略和战术，亲身体验中华儿女的英勇和坚强，从而激发出深厚的民族情感。

（三）促进全面发展

随着社会的发展和人类的进步，体育活动已成为促进人全面发展的重要因素。中国共产党始终将推动人的全面发展作为奋斗目标，而教育则是实现这一目标的根本途径，其中思想政治教育尤为关键。大学体育教育是促进大学生德智体美劳全面发展的重要手段。学生通过学习体育知识和参与各类体育活动，深入探索丰富的体育文化内涵，从而提高了体育知识素养与运动能力。同时，这一过程与思想政治教育内容相融合，使学生在思想上也得到锻炼。在身体与思想的相互交织和调和中，最终实现教育的目标，即促进学生的全面发展。

三、教育功能的互动性

无论是大学思想政治教育，还是体育教育，其教育功能都具有较明显的互动性，如果能很好地利用这种互动性，就能实现体育教育与思想政治教育的深度融合，从而发挥更好的作用，促进对人才的培养。

（一）政治化功能

体育教学和课外体育活动不仅能够促进学生的身体健康，还能锻炼他们的意志力、思维习惯，并且蕴含着丰富的思想政治元素，如爱国主义、集体主义、团结协作、牺牲精神、遵守规则和奉献精神，这些都有助于塑造正确的世界观、人生观和价值观，弘扬积极健康的体育文化精神，实现一定的政治和社会功能。因此，大学生的体育课程、课外体育活动以及大学体育文化的建设，对于大学生的思想政治教育具有重要的引导和支持作用。同时，思想政治教育也有助于实现大学体育教育的育人目标，两者相互依赖、相互促进，对于培养德智体美劳全面发展的人才和完成立德树人的根本任务，具有显著的推动作用。

（二）个性化功能

俗话说："身体是革命的本钱。"体育运动在社会不同群体中都发挥着作用，它旨在增强体质、促进健康，逐渐成为社会的一种流行趋势。大学体育作为高等教育中不可或缺的一部分，既包括了传授体育知识和技能，提高学生的运动能力，也包括了对学生进行思想道德和个人品质的教育。通过制订个性化的锻炼计划，为学生的身体健康和全面发展奠定坚实的基础。将思想政治教育与体育教育相结合，不仅符合教育的个性化需求，还能让大学生在参与体育活动、释放压力、激发热情的同时，更自然地接受道德教育和爱国主义教育，帮助学生形成良好的思想政治素质，使他们在增强体质的同时，也丰富精神和情感生活。

（三）社会化功能

体育是人类社会发展史的重要组成部分，从原始社会的狩猎到古代的围猎，再到近代的军事训练，直至现代的奥林匹克运动会，体育的演变反映了社会的进步。大学体育活动强调公平、公正，学生须遵守规则，这为他们将来成为遵守社会规则的优秀公民打下了坚实的基础。大学体育活动是实现社会德育功能的重要手段，它能够提升大学生的思想道德素质，培养他们的规则意识和团队精神，并提高社会适应能力，帮助他们毕业后更好地融入社会。将思想政治教育与体育教育相结合，两者相辅相成，不仅体现了大学体育的思想政治教育功能，而且贯彻了党和国家的教育方针政策，展现了体育教育在推动社会和国家发展中的社会化作用。

四、教育内容的协同性

（一）体育精神与思政教育

体育精神蕴含丰富的内涵，它强调的是拼搏、坚韧、团队合作与公平竞争等价值观念，这些正是当代社会所亟须的。而思想政治教育，则是以培养人的思想品德、政治素养和社会责任感为目标的教育活动。我们不难发现，两者在教育内容上具有高度的协同性。体育精神所倡导的拼搏精神，与思政教育中的奋斗精神不谋而合，都鼓励人们在面对困难和挑战时，勇于担当、不屈不挠。同时，体育精神中的团队合作精神，也是思政教育所强调的集体主义精神的具体体现，它要求人们在追求个人目标的同时，也要关注团队的整体利益，实现个人与集体的共同进步。

此外，体育教育中的公平竞争原则，也是思政教育中的重要内容。它教育人们要尊重规则、尊重对手，以诚实、公正的态度参与竞争，这与思政教育所倡导的诚信品质、法治观念紧密相连。通过体育精神的熏陶和体育实践的锻炼，人们可以更加深刻地理解这些价值观念的重要性，并将其内化为自己的行为准则。

体育教育与思想政治教育在教育内容上的协同性，不仅为两者的有机融合提供了可能，也为培养具有全面素质的人才奠定了坚实的基础。在未来的教育实践中，我们应该更加注重体育精神与思政教育的相互渗透和相互促进，以培养出更多具有高尚品德、强健体魄和良好心理素质的优秀人才。

（二）思政教育在体育中的体现

思政教育作为教育领域不可或缺的一环，其影响力早已超越了传统的课堂讲授范畴，特别是在体育这一充满活力与竞争的领域中，更是展现出了其独特而深远的作用。思政教育在体育中的体现，不仅限于理论知识的传授，更是一场身心并进的深刻洗礼。学生们在挥洒汗水、挑战自我的过程中，潜移默化地形成了正确的价值观、人生观和世界观。

在体育课堂上，思政教育与体育活动紧密相连，形成了理论与实践的完美结合。教师通过精心设计的教学方案，将思政元素巧妙地融入各种体育项目中，使学生在参与活动的过程中，自然而然地接受思政教育的熏陶。例如，在篮球、足球等集体运动中，教师通过组织分组对抗、战术演练等活动，不仅锻炼了学生的身体素质和团队协作能力，还在无形中培养了学生的集体主义精神和集体荣誉感。学生在为了共同目标而努力拼搏的过程中，深刻体会到了"团结就是力量"的真谛，这种体验远比任何空洞的说教都要来得深刻和持久。

体育竞技是展现个人能力与团队智慧的舞台，也是检验道德品质的试金石。在比赛中，教师积极引导学生尊重对手、遵守规则，让他们明白只有公平竞争才能赢得对手的尊重和社会的认可。这种引导不仅有助于培养学生的公平竞争意识，更在潜移默化中提升了他们的道德素质。学生在遵守规则、尊重对手的过程中，学会了自律、诚信和宽容，这些品质将伴随他们一生。

体育活动本身就是一个充满思政教育资源的宝库。从爱国主义教育到集体主义教育，从挫折教育到励志教育，体育活动中蕴含着丰富的思政元素等待我们去挖掘和利用。例如，在举办校运会、体育节等大型活动时，教师可以借此机会开展爱国主义教育活动，通过升国旗、唱国歌等形式激发学生的爱国热情；在团队项目比赛中，教师可以强调集体主义精神的重要性，让学生在为了团队荣誉而战的过程中感受到集体的力量和温暖；在面对失败和挫折时，教师可以鼓励学生勇敢面对、坚持不懈，培养他们的抗挫能力和坚韧不拔的意志品质。

五、教学方法的借鉴性

（一）实践育人

体育教育和思政教育都强调实践育人的重要性。体育教育作为促进学生身心健康的重要途径，其实践育人的特性尤为显著。在体育教育中，教师往往会设计一系列富有挑战性和趣味性的实践活动，让学生在参与中感受运动的快乐，体验团队合作的力量，培养坚韧不拔的意志品质。这些实践活动不仅能够增强学生的体质，提高他们的运动技能，更重要的是，还能够让学生在实践中学会如何面对困难、如何挑战自我、如何与他人协作，从而在潜移默化中塑造积极向上、勇于担当的人格特质。思政教育同样注重实践育人的作用，认为只有通过亲身实践，学生才能真正理解和内化社会主义核心价值观，形成正确的世界观、人生观和价值观。在思政教育中，学校会组织各种形式的实践活动，如志愿服务、社会调研、红色旅游等，让学生走出课堂，走进社会，通过亲身经历去感受国家的发展变化，了解社会的真实面貌，体验人民的辛勤劳动。这些实践活动能够帮助学生深刻理解党的路线方针政策，增强他们的爱国情怀和社会责任感，同时也能够培养他们的社会实践能力、创新能力和批判思维能力，为他们未来的成长和发展奠定坚实的基础。

体育教育和思政教育在强调实践育人的同时，也相互促进、相互补充。一方面，体育教育通过实践活动锻炼学生的身体素质和意志品质，为思政教育的深入开展提供了良好的身体条件和心理素质；另一方面，思政教育则通过引导学生树立正确的世界观、人生观和价值观，为体育教育的实践活动提供了明确的方向和目标。两者相辅相成，共同促进学生的全面发展。

（二）创新教学方法

体育教育与思政教育作为促进学生全面发展的重要组成部分，其教学方法的互鉴与融合，不仅有助于提升教学效果，更能促进学生综合素质的全面发展。

思政教育可以借鉴体育教育的体验式教学方法，如模拟演练、角色扮演等。通过模拟历史场景、社会热点等情境，让学生亲身体验思政知识的应用与意义。角色扮演是体验式学习中的另一种有效方式。在思政教育中，可以设计不同社会角色的扮演活动，如"我是记者""我是社区志愿者"等，让学生在扮演过程中体验不同职业的责任与使命，增进对社会问题的理解和共鸣。这种教学方式有助于培养学生的同理心和社会责任感，促进他们形成积极向上的价值观。

体育教育同样可以借鉴思政教育的方法，如通过引入理论讲授和案例分析等方法，更加深入地阐释体育精神的内涵和价值，加深学生对体育精神的理解和认同。在体育教育中，理论讲授是不可或缺的一环。通过系统阐述体育运动的原理、规则、技巧以及体育精神的核心要素，为学生构建一个完整的体育知识体系。同时，结合思政教育的内容，可以进一步阐释体育精神与社会主义核心价值观的内在联系，引导学生树立正确的体育观和人生观。案例分析是思政教育中常用的教学方法之一。在体育教育中，同样可以引入案例分析的方法，通过讲述优秀运动员的奋斗历程、体育赛事中的感人瞬间等案例，让学生深刻感受到体育精神的魅力和力量。这些案例不仅能够激发学生的爱国热情和民族自豪感，还能够培养他们的坚韧不拔、团结协作等优秀品质。体育教育与思政教育在教学方法上的互鉴与融合，是教育创新的重要方向之一。

第二节　大学体育教育与思想政治教育融合的价值与理论基础

在实施大学体育教育与思政教育融合之前，有必要深入研究一下二者的融合将会带来哪些价值，会对当前的大学教育产生怎样的影响。另外，明确大学体育教育与思想政治教育融合的理论基础，也是重要的前提条件之一。本节将重点分析这两部分内容。

一、大学体育教育与思想政治教育融合的价值

（一）强化课程思政在高等教育中的实践

大学体育教育，旨在促进学生身心健康，是与德育、智育、劳动教育等并重的综合素质教育的关键组成部分，是培养符合我国社会发展需要的新时代人才的必要环节。通过将体育课程与思想政治教育深度融合，不仅能够显著提升高校思想政治工作的实效性，还能有力推动课程思政理念的深入贯彻与实施，确保教育方针的准确落实。

（二）促进素质教育的进一步深化

两者的融合还可以进一步促使大学素质教育的提升，使其向着更深、更广的层次发展。通过大学体育课程的教学，不仅能够强健学生的体魄，提升他们对体育运动的兴趣和技能，而且还能在精神层面上，对学生进行综合的培育。学生在体育锻炼的过程中，会不时地得到一些领悟，能够更深刻地理解体育精神和道德情操。这些对促进学生人格的成长具有重要的作用，也会成为其学术追求和其他课程学习的内在动力，为学生的终身发展奠定坚实的基础。

（三）提升人才培养的综合质量

大学教育期间是人才培养的重要时期，也是全面提升人才综合素质的关键阶段。体育与思政教育的融合机制，要求学校和教师通过组织实践活动、案例教学等方式，全面加强提高学生的综合素质修养。除了体育硬性知识和技能，还从体育史、体育哲学等多个角度丰富教学内容。一方面，扩宽了学生的视野，让他们从多个角度理解体育的内涵；另一方面，也给学生创造了更多学习的机会。在体育课上，在教师的引导和启发下，让学生对历史、哲学、国际关系等有一定的认识，这些对学生形成人生观、价值观等都将会发生重要的作用。通过长期的学习，能够促进学生以更高标准自我要求，并促进他们主动在课堂之外探索更广阔的世界，进而全面提升自身的综合素质与能力，为日后参加社会建设做好准备。

（四）驱动体育教学模式的革新

长期以来，我国体育教学在理论与实践上呈现出一定的独特性，这并非偶然形成，而是随着国家的发展和社会需求的演变逐步塑造的。尽管在历史进程中，我们曾从国际交流中汲取灵感，但我国体育教学模式的演变始终要根植于本国国情与文化土壤之中。如今，面对新时代的机遇与挑战，我国体育教学正积极寻求创新与突破，致力于构建更加符合中国道路、彰显中国特色的教学模式。这一改革不仅是对传统教学模式的超越，也是对我国体育教育事业发展方向的深刻把握与前瞻规划。

通过将思政元素融入体育教学，进而将多元化的教学方法和资源引入体育课堂，这不仅为大学体育教育革提供了新的视角和路径，而且还为教育改革提供新思路。它要求教育工作者在教学实践中，不断探索新的教学技法和策略，从而能够促进教学理念、教学结构乃至教育技术的创新。经过不断的探索和努力，大学体育教育工作者将为构建更为高效、现代的体育教学体系找到强有力的支撑，从而加速体育教学现代化进程。

二、大学体育教育与思想政治教育融合的理论基础

（一）马克思主义关于人的全面发展理论

要实现优质的教育，不能仅局限于传授知识和技能，这样的教育是片面的。真正的优质教育不仅要完成传授知识和技能的基本任务，还要关心学生的身心健康，培育学生的道德和意志，提高学生的综合素质，促进学生的全面发展。这是当前我国人才培养中强调的核心，也是建立全面高素质人才培养体系的关键任务。大学在进行体育课程思政建设时，必须以马克思主义关于人的全面发展的理论为基础，为课程思政建设与教学设计提供科学的指导。

马克思认为教育应当是自由的，能够促进受教育者的全面发展。如果教育仍旧停留在体力劳动和脑力劳动分离的传统分工体系中，就无法培养出真正的人才。因此，马克思的教育观念强调，在人才培养中，体育、智育和生产劳动教育必须紧密结合，不可分割。他主张通过加强身体锻炼教育来增强学生的体质和磨炼学生的意志，认为体育与智育同等重要，技术培训和技能教育也同样重要。将这三种教育形式结合起来，才能实现人的全面而自由的发展。这一理念对于我们在体育课程思政设计中具有重要的借鉴和参考

价值。①

我国当前的教育方针旨在"培养德智体美劳全面发展的社会主义建设者和接班人"。这一方针是马克思主义关于人的全面发展理论在长期实践中得到验证的新成果。我国政府目前非常重视教育事业的发展，并强调教育工作要让人民满意，要强化素质教育，实施公平教育，以培养符合中国特色社会主义建设需要的全面发展人才。新时代、新形势对教育提出了新的要求，大学需要深思熟虑地确定人才培养目标，构建全面育人体系，即培养德智体美劳全面发展的人才的教育体系，并在文化知识教育和思想政治教育中贯彻立德树人的原则。这是中国特色社会主义制度下对高等教育的新要求，也指明了高等教育人才培养目标的制定方向。

立德树人是至关重要的育人原则，优质的教育必须贯彻这一原则，"人无德不立，育人的根本在于立德""大学立身之本在于立德树人"。立德树人要求大学加强思想政治教育、道德品质教育和社会主义核心价值观教育，培养学生的良好品质，为国家输送自尊自立、自信自强的优秀人才。我国的教育方针虽然经历了多次变革，但始终不变的是对教育事业的重视和遵循育人规律。在课程思政理念的指导下，加强大学体育课程改革，实施体育课程思政建设，设计体育课程思政教学体系，能够促进大学人才培养质量的提升，使大学完成培养德智体美劳全面发展的社会主义建设者和接班人的重要任务。

（二）人本主义教学理论

传统教育模式往往以应试教育为核心，但人本主义教学理论的兴起改变了这一模式，促进了教育的转型，更加注重素质教育，并通过素质教育推动人的全面发展。

从哲学的角度来看，人本主义教学理论认为在教育中，知识教育应排在生命教育之后，强调教育应以人的存在为核心，育人是教育的本质。因此，

---

① 陈晓雪."立德树人"视域下大学体育课程思政建设研究[D].株洲：湖南工业大学，2022：28.

教育应以人为中心，围绕人的需求和潜能进行，旨在培养个性、塑造才能、提升社会适应能力，确保教育的对象能够成为社会中的完整个体。

从心理学的角度来看，人本主义教学理论强调教育应关注人的全面发展。在具体的教学实践中，应该将思想教育、知识与技能教育、情感教育、价值观教育等融为一体。如果教育仅仅停留在知识和技能的传授上，那么学生可能只掌握了知识和技能，而缺乏全面发展。只有将价值观教育、健康教育、道德教育、人格教育等方面与知识技能教育相结合，才能培养出真正全面发展的人。

人本主义教学理论在教学目标上注重个体的自由和全面发展，以及个体自我价值的实现。根据马斯洛的需求层次理论，自我价值的实现位于需求层次的最高点，这表明在人本主义教学理论中，实现自我价值是一个高难度的目标。要实现这一目标，首先需要满足学生的基本需求，如生理需求和安全需求，然后逐步满足归属需求和尊重需求。只有当这些层次的需求得到满足后，才能最终实现自我价值的需求。

在教学活动中，自我价值的实现体现在多个方面，包括激发潜能、塑造正确的价值观和促进全面发展。这包括在德、智、体、美、劳各方面的均衡发展和能力提升。在人本主义教学理论的指导下，大学体育课程思政建设与教学设计应坚持以人为本的原则，不仅要培养学生的健康体质，激发运动潜能和提升运动技能，还要将情感教育融入体育教育中，引导学生形成正确的价值观，磨炼坚强意志，培养集体主义精神。这样既能培养出全面发展的社会主义建设者和接班人，也能进一步发展和完善人本主义教学理论。

目前，我国大学体育教学普遍存在重视技术动作传授而忽视精神价值引领的问题，体育教师对"培养全面发展的人"这一育人目标的理解还不够深入。因此，在体育课程思政设计中，应特别借鉴人本主义教学理论，强调精神价值引领的重要性，并在以人为本的基础上，通过体育思政教育培养全面发展的人才。

（三）素质教育理论

素质教育旨在全面提升学生的综合素质，包括思想政治素质、道德素质、文化素质和身体素质等多个方面。在这样的教育体系下，大学体育教学不仅要完成对学生体育知识的传播和体育技能的培养，同时还承载着丰富的思想政治教育资源，这为体育教学与思想政治教育的融合创造了条件。

通过体育课堂，学生可以在参与运动的同时贯彻团队合作、公平竞争和遵守规则等社会道德的基本原则。这些原则是体育运动的精神内核，也是社会道德的重要组成部分。例如，许多集体项目都非常强调团队合作精神，要求队员之间相互支持、协同作战，这不仅锻炼了学生的身体，也培养了他们的集体主义精神和协作能力。

将思想政治教育融入大学体育课程，将有助于学生在体育锻炼中培养责任感、荣誉感和竞争意识。教师在教学过程中不仅要注重学生的技术训练，还要引导学生树立正确的胜负观，培养他们的良好品德和道德观念。例如，教师通过足球运动中的团队配合和战术运用，不仅能培养学生的合作意识，还能提升他们的观察能力、判断能力，让他们在巨大的压力面前，仍然能够冷静处理，发挥出自身的最佳水平。再如，乒乓球课程可以作为培养学生爱国主义情怀的平台。通过介绍我国体育健儿在国际比赛中的成就，以及他们在赛场上展现出的顽强拼搏精神，可以激发学生的爱国热情，增强民族自豪感和凝聚力。

因此，在大学体育教学中，体育教师可以根据丰富的教学内容，就地取材，使其成为生动形象的思想政治教育资源，从而有效地实施课程思政，在教授体育知识和技能的同时，对学生进行适当的价值观培养，从而提高学生的综合素质，促进他们的全面发展。

第三节　大学体育教育与思想政治教育融合的现状与困境

随着我国课程思政教育思想的落实，大学体育教育在许多方面都出现了新的样貌。整体上，尽管学生的思政水平比以往有了明显的提升，但是仍然存在许多问题。本节主要对大学体育与思政教育融合的现状和主要困境进行分析。

一、大学体育教育与思想政治教育融合的现状

大学生正处于世界观、人生观和价值观塑造的关键时期，这一阶段他们对世界的认知尚不成熟，易受外界影响而形成不当观念，给大学思想政治教育工作带来了复杂挑战。因此，深入探索体育教学中的思政教育资源，强化大学生的思想政治教育显得尤为重要。

（一）认识层面的局限

在许多大学中，领导与教师群体普遍未能充分认识思想政治教育的重要性，往往将重点放在专业学科教育上，视思想政治教育为一项次要或附加任务，仅满足于表面完成指标，而不愿投入更多资源和精力。这种观念背后，部分原因在于对思想政治教育的误解，即认为思想政治教育对学校的综合实力和学生个人未来发展影响有限。实际上，良好的思想政治教育是学生树立正确价值观和人生观的基石，对其学习、生活乃至职业生涯都有着深远的意义。因此，大学管理层和教师队伍亟须转变观念，正确认识并充分利用思想政治教育的潜在价值。

（二）实践操作的脱节

尽管部分大学努力尝试在体育课程中融入思想政治教育的内容，为了配合体育课程思政的改革，学校、教师和家长都做出了积极响应。然而，在实际操作层面却并不尽如人意。首先，因教师自身的思政素质较为有限，因此常常会心有余而力不足。体育教师在自身的教育履历中，严重缺乏思政理论

知识储备。在教学中，体育教师为了将思政元素融入课堂，往往有些"生搬硬套"的痕迹，这样的教学方式也很难受到学生的欢迎，教学效果可想而知。其次，学生对体育课中融入思想政治教育在接受方面存在难度。一直以来，我国的体育教学都是单纯以体育运动为教学的核心内容，把"思想政治课"的内容融入体育课程，学生在认知上很难衔接。因此，学习热情和效果都表现平平。

简而言之，教师的教学生硬，学生的学习僵化，教学往往缺乏针对性和科学性，无法有效地将体育教学与思政教育有机整合。学生在体育课中难以获得实质性的思政知识，更难以将这些知识应用到日常生活和学习中，导致体育课程中的思想政治教育形式大于实质，效果甚微。

（三）融合流于表面

大量的实践表明，在缺乏系统、科学设计的前提下，简单地将思想政治教育融入大学体育教育，往往流于表面，无法真正触及教育的本质。并且，这种"形式上的融合"不仅不能有效增加体育教学中的思政教育成果，反而还影响了原本的体育教学质量。

体育教育与思想政治教育尽管存在着内在的关联，但是在表面上仍然各有各的独特性，如果不经过深入的理论探析和研究，仅仅在表面上进行融合，则很难达到理想的效果。大学时期正是学生身心快速发展的阶段，他们的思想和精神状态也随之变化。这一时期，正确的教育引导极为关键，但当前大学体育与思政教育的结合往往停留在表面，如简单叠加课程内容，未能深入挖掘两者之间的内在联系，未能设计出既符合学生身心发展规律又能有效传授思政知识的教学方案。这种形式化的"两课融合"难以触及教育的本质，无法充分发挥体育教学在思想政治教育中的独特功能。

二、大学体育教育与思想政治教育融合的困境

（一）融合育人元素亟待挖掘

长期以来，传统的体育教育观念限制了大学体育课程的发展，部分教师过度聚焦于运动技能的传授，忽视了理论教育的价值。教学活动往往侧重于体能训练，缺乏吸引力和创新性，这不仅抑制了学生的主动性和运动兴趣，还导致了"重技能、轻理论"的不平衡现象普遍存在。同时，体育教师普遍未将思想政治教育视为自身职责范畴，误以为这是思政课程的专属领域，这种认知偏差阻碍了两者的有机结合。

在实践中，体育教师对融合教育的理解和实施面临双重障碍：一是未能充分认识到思想政治教育在体育课程中的重要性，仅简单将奥林匹克精神等同于全部的思想政治教育内容；二是对思想政治教育原理缺乏深入了解，缺乏将时事政治融入课程设计的能力。这种新式融合教育模式要求教师投入更多精力备课与学习，但部分教师对此持抗拒态度，显示出思想上的惰性，这进一步突出了提升教师思想政治素养的紧迫性。

（二）融合育人路径亟待拓展

当前，体育课堂上对思想政治教育的忽视及不恰当的评价，不仅打击了部分学生的学习积极性，还可能引发他们对体育的反感，不利于学生的长远发展。教学模式的单一化，过分强调教师中心地位，限制了学生主体性的发挥，不利于个性培养和教学效果的提升。同时，某些教师过于强调自身的权威，采用强制性教学，这些都与现代教育理念背道而驰，不利于学生的全面发展。

为实现有效的融合育人，创新体育教学形式和路径成为当务之急。必须探索将思想政治教育与体育教学深度融合的策略，既要维护体育的丰富内涵，又要拓展其教育功能，共同促进学生树立远大理想、爱国情怀、品德修养、拼搏精神和综合素质的提升。因此，拓宽融合路径，创造更加开放和包

容的教育环境是不可或缺的。

（三）融合育人保障亟待强化

1.教学评价体系的完善

当前的评价体系偏重体育技能的考核，忽略了体育的全面价值，且评价方式较为单一，无法全面反映学生的学习情况。建立一个科学、全面的教学评价体系，不仅关注技能掌握，还应涵盖学生的思想成长、参与度和进步幅度，这对于引导正确教学方向和提升教学质量至关重要。同时，需避免教师因评价压力而偏离教育目标，确保评价体系能正面激励师生共同推进思想政治与体育教育的融合。

2.体育基础设施的优化升级

体育基础设施的不足直接限制了体育教学的开展和学生参与体育活动的积极性。资金短缺导致的场馆设施老化、数量不足，以及管理方式的不合理，如高收费和限制使用，都是急需解决的问题。优化体育设施，提供充足且现代化的运动环境，确保每个学生都能平等地参与体育活动，进而促进其身心健康发展，是深化体育与思想教育融合的重要物质基础。

第四节 大学体育教育与思想政治教育融合的实施策略

一、构建科学的体育课程思政体系

当前体育教育与思想政治教育融合存在的本质性问题，就是表面上的融合难以实现理想的效果。因此，为了从根本上改善这一局面，应从体育教育和思想政治教育的理论基础层面进行深入研究，寻找到系统的、科学的融合之路。然而，构建体育课程思政体系是一个系统性工程，需要从多个维度进行考虑和设计。

（一）价值引领

在当今这个多元化与全球化的时代背景下，体育课程作为教育体系中的重要一环，其教育意义已远远超出了单纯的体能锻炼范畴。体育课程思政作为一种创新的教育理念，旨在通过体育教学这一平台，将社会主义核心价值观深深植根于学生的心灵深处，进而培养他们的社会责任感和家国情怀。这一理念不仅是对传统体育教学模式的革新，更是对新时代教育目标的深刻理解和积极响应。

首先，体育课程思政应坚持正确的价值导向。这意味着在体育课程的设计与实施过程中，必须始终坚守社会主义核心价值观这一精神内核。社会主义核心价值观，包括富强、民主、文明、和谐、自由、平等、公正、法治、爱国、敬业、诚信、友善等十二个关键词，它们构成了新时代中国特色社会主义的精神支柱。在体育课程中融入这些价值观，可以让学生在运动与竞技中体验到团队协作的力量、公平竞争的重要性以及坚持不懈的精神，从而内化为他们自身的道德品质和行为准则。

为了更有效地实现这一目标，体育教师可以在教学中引入丰富的案例和实例。比如，通过组织学生进行接力赛，强调团队合作与集体荣誉的重要性；在篮球、足球等集体项目中，引导学生学会尊重裁判、尊重对手，培养公正、公平的比赛精神；在长跑、游泳等耐力性项目中，鼓励学生挑战自我、超越极限，体验坚持不懈的毅力与勇气。这些实践活动不仅能够锻炼学生的身体素质，还能在潜移默化中塑造他们的价值观和人生观。

其次，体育课程思政还应注重培养学生的社会责任感和家国情怀。在全球化浪潮下，青少年面临着前所未有的机遇与挑战。他们既是国家未来的建设者和接班人，也是世界和平与发展的生力军。因此，通过体育课程这一载体，加强对学生社会责任感和家国情怀的培养显得尤为重要。体育教师可以结合国内外重大体育赛事、体育明星的励志故事等素材，引导学生关注国家体育事业的发展、了解体育在国际交流中的重要作用，激发他们的爱国热情和社会责任感。同时，通过组织学生参与社区体育服务、体育公益活动等方式，让学生亲身体验到体育在促进社会和谐、增进人民健康方面的积极作用，从而培养他们的社会责任感和奉献精神。

（二）教学设计

在当今社会，体育不仅仅是身体锻炼的代名词，它还承载着丰富的思想政治教育价值。深入挖掘体育课程中的思政元素，如团队精神、公平竞争、遵守规则等，并将其巧妙地融入教学内容与实践活动中，不仅能够提升学生的身体素质，还能塑造他们健全的人格和正确的价值观。以下是对这一理念的详细阐述与扩展。

1. 团队精神的塑造：协同作战的力量

团队精神是体育活动中不可或缺的灵魂。在篮球、足球等集体项目中，每个队员都需扮演特定角色，通过默契的配合与协作，共同达成目标。这种团队精神的培养，不仅仅体现在赛场上的传球、防守与进攻，也贯穿于日常的训练与团队建设中。例如，在篮球训练中，教练会设计一系列需要团队共同努力才能完成的练习，如传球接力、防守轮转换位等，以此来增强队员之间的信任与默契。通过这些实践活动，学生学会了倾听、沟通与牺牲小我、成就大我的精神，这种精神正是现代社会所急需的。

2. 公平竞争的倡导：规则之下的较量

公平竞争是体育精神的核心。在比赛中，每位参与者都需遵守既定的规则，通过自身的努力与智慧去争取胜利。这种规则意识的培养，对于塑造学生的诚信品质与法治观念具有重要意义。学校可以通过组织各类体育赛事，让学生亲身体验到规则的重要性。比如，在田径比赛中，运动员必须严格按照起跑规则进行，任何抢跑行为都将受到严厉的处罚。这种严格的规则执行，不仅保证了比赛的公正性，也让学生在潜移默化中树立了规则意识，明白了在规则面前人人平等的道理。

3. 遵守规则的自觉：自律与责任的体现

遵守规则不仅是体育比赛的基本要求，也是个人自律与责任感的体现。在体育课程中，教师可以通过讲解规则、演示动作、纠正错误等方式，引导学生逐步养成遵守规则的习惯。同时，教师还可以结合具体案例，如运动员因违反规则而受到处罚的实例，让学生深刻认识到遵守规则的重要性。此外，教师还可以鼓励学生在日常生活中也要遵守各种规章制度，如学校的校规校纪、社会的法律法规等，从而培养他们的自律意识与责任感。

4.思政元素的深度融合：理论与实践的桥梁

为了将思政元素更好地融入体育课程中，教师需要不断创新教学方法与手段。一方面，教师可以通过课堂讲解、案例分析等方式，向学生传授相关的思政知识；另一方面，教师还可以通过设计丰富多彩的实践活动，让学生在亲身体验中感受到思政元素的魅力。例如，在足球比赛中，教师可以设置"最佳团队奖""最佳公平竞赛奖"等奖项，以此来表彰那些在比赛中展现出团队精神与公平竞争精神的队伍和个人。这种寓教于乐的方式，不仅能够激发学生的学习兴趣与参与热情，还能够使他们在轻松愉快的氛围中接受思政教育。

（三）学情分析

在构建体育课程思政体系的过程中，了解学生的心理特点和认知方式是至关重要的。这意味着教师需要深入研究学生的成长背景、兴趣爱好、个性特征以及他们对社会现象的看法和态度。通过问卷调查、访谈、观察等方法，收集学生的信息，分析他们的心理状态和认知习惯。

例如，教师可以根据大学生的自我认同、同伴关系以及社会地位等方面的特点，设计一些团队合作的游戏和体育活动，通过游戏和活动来促进学生之间的交流和合作，帮助他们在团队中找到自己的位置，培养他们的集体荣誉感和社会责任感。

同时，学生的认知方式也多种多样，有的可能是视觉型学习者，更偏好于通过观看和阅读来学习；有的可能是动手型学习者，更倾向于通过实践操作来掌握知识和技能。因此，教师在教学设计时，可以采用多样化的教学方法，如结合多媒体教学、案例分析、角色扮演、模拟比赛等，以满足不同类型学生的学习需求。

根据学生的实际情况调整教学策略，意味着教师需要灵活运用教学资源和方法，创造一个包容和支持的学习环境。例如，对于体能较弱的学生，教师可以设计一些低强度的体育活动，鼓励他们逐步提高体能；对于有特殊需求的学生，教师可以提供个性化的指导和支持，确保他们能够积极参与到体育活动中来。

确保思政教育与学生的实际需求相结合，要求教师在教学中不仅要传授体育知识和技能，还要关注学生的价值观培养。教师可以通过讨论体育精神、公平竞争、团队合作等话题，引导学生思考这些概念如何与他们的日常生活和社会责任感相联系。同时，教师还可以利用体育赛事、体育人物的故事等真实案例来激发学生的情感共鸣，引导他们形成正确的世界观、人生观和价值观。

总之，通过了解学生的心理特点和认知方式，教师可以更有针对性地设计教学活动，使思政教育更加贴近学生的实际生活，引起学生的共鸣，从而提高体育课程思政的实效性和感染力。

（四）讲故事

1.故事选择与整合

精心挑选具有代表性和启发性的运动员故事，如奥运冠军的奋斗历程、体育精神的体现等，将这些故事与体育课程内容相结合。例如，讲述全红婵等杰出运动员的成长故事，展示她们背后的努力和坚持。

2.情境模拟与讨论

在课堂上模拟体育比赛中的情境，让学生在模拟中体验运动员的挑战和抉择，引导学生讨论如何在逆境中展现体育精神和道德品质。

3.多媒体教学应用

利用视频、图片等多媒体资料，生动展现运动员的训练和比赛场景，增强故事的感染力。同时，可以通过播放运动员的访谈、比赛集锦等，让学生更直观地感受运动员的精神风貌。

4.反思与总结

在讲述故事后，引导学生进行反思，如何将运动员的奋斗精神和坚持不懈的态度应用到自己的学习和生活中。鼓励学生撰写感想或进行小组讨论，深化对体育精神的理解。

5.实践与体验

组织学生参与体育活动，如校园运动会、社区体育服务等，让学生在实践中体验团队合作、公平竞争等体育精神，将思政教育融入体育实践。

6.跨学科融合

将体育课程与历史、文化、哲学等其他学科相结合，探讨体育在不同文化和历史时期的地位和作用，以及体育与社会、政治的关联。

（五）实践体验

1.组织志愿服务活动

鼓励学生参与体育赛事的志愿服务，如第十五届全国运动会、全国第十二届残疾人运动会暨第九届特殊奥林匹克运动会，让学生在服务中体验团队合作、奉献精神和社会责任感。

2.参与社会实践

利用暑期等时间，组织学生参与体育社会实践，如支教、体育文化宣传、运动康复诊疗等，让学生将体育技能与服务社会相结合，增强社会责任感。

3.观看重大体育赛事

组织学生集体观看奥运会、世界杯等重大体育赛事，通过讨论会、观后感分享等形式，引导学生理解体育精神，增强民族自豪感。

4.体育与思政课程融合

在体育课程中融入思政元素，如在讲授运动技能的同时，介绍运动项目的历史背景、运动员的奋斗故事，以及体育精神与国家发展的关系。

5.体验式学习

设计体验式学习活动，如模拟体育赛事的组织与运作，让学生在实践中学习体育管理、赛事策划等知识，同时体验团队合作和领导力的培养。

6.体育社团活动

支持学生体育社团的发展，鼓励社团开展多样化的体育活动，如户外运动、体育交流赛等，通过社团活动培养学生的组织能力、团队精神和社交技巧。

（六）课程资源

1.教材资源的整合

首先，需要对现有的体育教材进行深入分析，提取出与思政教育相契合的元素，如团队合作、公平竞争、遵守规则等。然后，将这些元素与思政教育的内容相结合，设计出一套融合体育与思政教育的教材体系。

2.案例资源的开发

收集和开发具有教育意义的体育案例，如运动员的励志故事、体育赛事中的团队精神展现等。这些案例可以作为教学中的生动素材，帮助学生理解体育精神与社会价值观的联系。

3.多媒体材料的运用

利用视频、动画、图像等多媒体材料，将抽象的体育理念和思政教育内容形象化、生动化。比如，通过播放运动员比赛的视频，分析其背后的努力和坚持精神，激发学生的爱国情感和奋斗意志。

4.信息技术的融合

借助信息技术，如虚拟现实（VR）、增强现实（AR）等，创造沉浸式的体育学习体验。学生可以通过模拟体育活动，体验运动员的挑战和成就，增强学习的互动性和趣味性。

5.社会实践资源的利用

鼓励学生参与体育社会实践，如志愿服务、社区体育活动等。通过实践活动，让学生将体育技能与服务社会相结合，增强社会责任感。

二、有效挖掘体育课中的思想政治教育内容

（一）深入分析、整合教材内容

教师需要对体育教材进行深入的分析，挖掘每个体育项目背后的思想政治教育资源，将体育技能训练与思想教育内容进行整合。例如，在教授篮球时，不仅要讲解技术动作，还要强调团队合作的重要性；在教授马拉松时，讲述运动员的毅力和坚持精神；在教授体操时，可以讲述运动员如何通过刻苦训练克服困难，培养学生坚韧不拔的精神。

（二）深度利用体育故事

在新的体育教学内容中，应充分利用体育故事，因为故事是进行精神品质和思想道德教育最有效的手段。比如，通过讲述运动员的奋斗故事，如刘翔的跨栏精神、中国女排的团队精神等，将体育项目与思政教育有机结合，激发学生的爱国情感和奋斗意志。

三、针对性利用多样体育项目促进思想教育

在大学体育课程中，根据每个体育项目的特性，教师可以设计差异化的思想教育策略，以提高教育的针对性和有效性。

（一）球类运动中的团队协作

篮球、足球等球类运动强调团队合作和战略部署。教师可以通过团队建设活动和比赛，让学生在实践中学习如何与他人沟通、协作，以及如何在团队中发挥自己的作用。篮球、足球等球类运动是青年学生最感兴趣的运动项

目,抓住这一类项目的特点,对学生进行思政教育,其影响力最大,收到的教学效果也会更加明显。随着球类运动广泛、持久地开展,学生也会将团队协作、集体主义精神等可贵的思想道德素质,内化为自身的道德修养,从而达到体育教育与思政教育相融合的目的。

(二)武术训练中的纪律教育

武术不仅是一种身体锻炼,也是一种精神修养。教师在教授武术的基本动作和套路时,可强调武术中的纪律,培养学生的自律性和对规则的尊重。

武术是中华传统体育项目的杰出代表,在凝聚华夏子孙的民族情感,提升民族自信等方面具有不可替代的作用。因此,在大学的武术教学中,教师应充分挖掘武术的思政教育资源,强化学生的民族自豪感,在习武强身的同时,将这一优秀的民族传统体育文化及其重要的精神传承下去。

(三)游泳训练中的自我挑战

游泳是一项对个人技术和心理素质要求很高的运动,同时也是学生们非常喜欢的一项水上运动,因此游泳具有较好的思政教育条件。教师在教授游泳的时候,可以结合时事,尤其是我国游泳运动员在国际重大比赛中取得的优秀成绩,是进行思想政治教育的有力内容。比如,在2024年法国奥运会期间,我国游泳运动员潘展乐取得令世界瞩目的成绩,在个人100米自由泳以及4×100米男子混合接力项目中,他先后打破世界纪录和个人纪录,成为当前该项目的纪录保持者。潘展乐的自信、担当和真诚,使他成为新一代运动健儿的杰出代表,也为我国体育教学和思想政治教育的融合,提供了宝贵资源。因为,潘展乐不断突破自己、挑战个人纪录的高贵品质,值得所有青年学生的学习。

(四)体操训练中的审美教育

体操运动要求运动员有良好的身体协调性和节奏感。教师可以通过分析体操动作的美学特点，培养学生的创造能力和对美的欣赏能力。从而在潜移默化中培养学生的审美能力，而一个人对美的辨别与选择，实际上是深层的价值观的体现。比如在体操教学中，学生通过自身的训练，充分感受到运动之美、力量之美、节律之美等。在这些美的表层之下，是人类强大的生命力、是不断超越的顽强精神。因此，通过体操教育，能够将以上这些美好的品质传达给大学生，不仅提升了他们的审美能力，也塑造了他们的内在品质。

（五）田径训练中的意志教育

田径运动以其对运动员个人毅力和耐力的高要求，成为培养学生坚定意志的理想平台。教师可以通过设定一系列逐渐增强难度的训练目标，如长距离跑、间歇训练等，引导学生在体力接近极限时学会坚持。这种训练不仅锻炼了学生的身体，更重要的是锤炼了他们的心理素质。教师还可以通过分享著名田径运动员的励志故事，如运动员如何克服困难、突破自我来激励学生。在每一次的训练和挑战中，让学生学会如何在逆境中保持冷静、如何调整策略继续前进。这样的教育和训练，最终将帮助学生在运动场上和生活中培养出坚持不懈、不轻易放弃的精神。

（六）户外运动中的环境教育

徒步、登山等户外运动不仅能够让学生亲近自然，锻炼身体，还是进行环保教育的绝佳机会。教师可以组织学生参与户外活动，如"清洁十峰 洁净山野 爱我昆明"户外登山环保行动，通过实际行动参与保护自然环境，共建绿色家园。在活动中，学生可以学习到如何保护植被、野生动物，以及如何妥善处理垃圾，保持自然原貌。

此外，教师可以引导学生参与到环保登山队中，如"地球第三极珠峰大行动"环保登山队，通过在登山过程中清理垃圾，培养学生的环保意识和社会责任感。这样的活动不仅让学生在实践中学习环保知识，还能够增强他们的团队协作能力和解决问题的能力。

教师还可以利用徒步活动作为教育平台，如"徒步旗山湖 共筑地球梦"

活动，让学生在徒步过程中体验自然，同时参与垃圾分类等环保行动，这种活动有助于学生理解人与自然和谐共生的重要性。

通过这些活动，学生不仅能够在体育活动中锻炼身体，还能够学习到环保知识，培养环保意识，实现体育与环保教育的有机结合。教师在设计这些活动时，应确保安全第一，同时注重活动的教育意义，让学生在享受自然之美的同时，也能够成为环保的践行者。

（七）对抗性运动中的竞争教育

拳击、柔道等对抗性运动是体育竞技中的重要组成部分，它们不仅能够锻炼学生的身体协调性和反应能力，还是培养学生遵守规则、公平竞争意识的有效途径。在这些运动的教学中，教师可以设置一系列模拟对抗训练，让学生在实战中体验规则的约束和竞技的激烈。

通过比赛前的规则讲解、比赛中的裁判指导、比赛后的反思讨论，教师可以不断强化学生对于公平竞争的认识。例如，在拳击教学中，教师可以强调击打的合法部位、禁止的攻击方式以及比赛的得分规则，让学生明白胜利不仅要依靠力量和技巧，还要依赖于对规则的遵守和对对手的尊重。

教师还可以引入体育精神的教育，如尊重裁判、尊重对手、胜不骄败不馁等，这些都是对抗性运动中不可或缺的品质。通过组织友谊赛、交流赛等活动，让学生在与其他学校或社团的比赛中，实践公平竞争的理念，体验体育精神的价值。

通过这些教学活动，学生不仅能够在对抗性运动中学会如何在规则允许的范围内展现自己的竞技水平，还能够学会如何在社会生活中做一个遵守规则、尊重他人的优秀公民。

四、采用多元化策略强化思想政治教育

在大学体育教学中，多元化的教育方法对于提升思政教育的成效至关

重要。传统的教学方法往往侧重于技能的传授和体能的训练，而忽视了对学生思想道德的培养。因此，教师需要在教学过程中，不断探索和实践新的教学方法，以实现体育教学与思政教育的有机结合。多元化教学策略要求教师具有扎实的教学经验，良好的专业基础，以及过硬的思政素养。只有在这样的情况下，教师才能根据教学的实际情况，自主选择思政教育的内容和方法。

比如，教师可以通过集体训练的方式，培养学生的团队协作精神和集体荣誉感。在集体训练中，学生需要相互配合、相互支持，这有助于他们理解团队合作的重要性，同时也能够增强他们的集体意识和社会责任感。在体育教学中，应增加集体类项目的教学和训练时间，从而为学生创造合适的机会，增强他们的集体意识。

体育教学中的规范训练是提升学生纪律性和规则意识的有效途径。通过规范训练，学生能够学习到遵守规则、尊重他人的重要性，这对于他们形成良好的社会行为习惯和道德观念具有积极作用。

对抗赛和竞技比赛则是激发学生竞争意识和奋斗精神的重要手段。在这些活动中，学生不仅能够锻炼自己的身体素质，还能够在竞争中学会如何面对挑战、克服困难，这对于培养他们的坚韧不拔和积极向上的精神品质具有重要意义。

总之，掌握多元策略对于大学体育教师是一个较高的要求，这需要他们具有良好的思政修养，而且对各项体育课程的教学内容也了然于心。在这样的条件下，教师才能够根据学生的实际情况和需求，自然地将思想教育内容融入体育教学中，形成水到渠成的效果。

五、强化师资政治素养，科学渗透思想教育内容

大学体育教育与思想政治教育深度融合的核心，在于提升教师的政治素养与教学艺术。教师需不断提升自己的政治理论水平和思想政治理论敏感度，采取润物细无声的方式，避免生硬灌输，而是把握恰当契机，自然而然

地在体育教学中融入思政内容。这包括教师自身持续学习，关注时事，提升政治素养，并灵活运用多种教学方法，密切观察学生反应，适时调整教学策略，通过个人示范和情感共鸣，有效推进思想政治教育的渗透，最终实现学生思想境界与体育技能的同步提升。

第五节　大学体育教育与大学生思想道德素质的培养

大学体育教育与大学生思想道德素质的培养之间存在着密切的关系。通过科学的安排和设计，能够在体育教学的同时，对学生进行思想道德的塑造，在潜移默化中对学生的价值观和世界观进行教育和引导，从而为国家和社会培养出具有良好思想政治水平的优秀人才。

一、体育教育对思想道德素质培养的促进作用

（一）培养爱国主义和集体主义精神

体育教学在激发大学生的爱国热情方面发挥着重要作用。通过介绍中国体育健儿在国际比赛中的辉煌成就，如在巴黎奥运会上中国体育代表团获得的40金27银24铜的优异成绩，以及运动员们展现出的顽强拼搏精神和爱国主义精神，能够激发大学生对祖国的深厚感情，增强民族自豪感和凝聚力。这种精神在运动员的每一次奋力拼搏中得到体现，如樊振东在乒乓球男单比赛中的逆转胜利，以及中国女排面对强敌时展现的不屈韧性。

在团队项目中，如篮球、足球等，学生需要学会与他人合作，共同努力

实现团队目标。这种团队合作精神的培养有助于学生认识到个人与集体之间的关系，学会在集体中发挥自己的作用。团队运动不仅锻炼了学生的身体，还培养了他们的集体荣誉感、纪律性和规范性，这些都是集体主义精神的重要组成部分。

大学体育教育与大学生思想道德素质的培养相结合，不仅能够提高学生的身体素质，还能够在教学过程中磨炼学生的意志力，培养学生的团队精神和爱国主义情怀，从而促进大学生全面发展。

（二）培养竞争意识与自强自立精神

体育竞赛是培养学生竞争意识的重要途径。在比赛中，学生需要面对挑战，努力超越自我和对手，这种经历有助于培养学生的竞争意识和拼搏精神。同时，体育锻炼要求学生具备独立性和自主性，能够自我管理和激励，这有助于培养学生的自强自立精神，使他们在面对困难和挑战时能够保持坚韧不拔的态度。

体育竞赛通常遵循一定的规则，以团体协同对抗的形式展开，这要求学生在进行团队内部合作的同时，与对手展开激烈的竞争。通过体育教学中建立起来的竞争意识，让学生在实际的学习与生活中为自身设定恰当的奋斗目标，充分发挥自身的主观能动性，积极地展现自我、挑战自我，不断追求更高的境界，从而使学生成为符合社会主义现代化建设需要的高素质人才。

体育作为一种促进人全面发展的教育方式，对个体的自强自立精神具有重要的培养作用。体育竞赛中常见的挫折教育，如输赢的接受、失败后的反思和总结经验教训，都是培养自强精神的有效途径。此外，参与体育活动还需要学生具备基本的生活技能，如时间管理、团队协作和解决问题的能力，这些都是自立能力的重要组成部分。

体育锻炼和体育竞赛的结合，不仅能够提升学生的身体素质，还能够在精神层面上培养学生的独立性、自主性、竞争意识、团队精神和爱国主义情怀，这些都是新时代所需要的高素质人才所必须具备的素养和品质。

二、大学体育教育在思想道德素质培养中的实施策略

体育教育不仅是一种身体教育,更是一种品格教育。它强调公平竞争、遵守规则、尊重对手等原则,这些都是社会道德的重要组成部分。通过参与体育活动,学生能够在实践中学习到这些基本原则,从而培养出尊重他人、遵守规则、诚实守信等良好品德。这些品质对于学生未来的社会生活和职业发展具有深远的积极影响。

(一)开展丰富多彩的体育活动

学校作为教育的重要场所,应当定期组织和举办各类体育活动和比赛,如运动会、体育节、体育社团活动等,这些活动为学生提供了展示自我、挑战自我的平台。通过参与这些体育活动,学生不仅能够锻炼身体素质和提升运动技能,还能在实践中培养团队合作精神和竞争意识。

体育活动是学生展示个人才能和运动技能的舞台,同时也是学习团队合作和竞争策略的实验室。在团队项目中,学生可以学习如何与队友沟通、协作,共同为团队目标努力。在个人项目中,学生可以学习如何独立应对挑战,提升自我管理和自我激励的能力。

在组织体育活动的过程中,教师和教练的作用至关重要。他们不仅要组织比赛和训练,还要引导学生树立正确的胜负观和价值观。这意味着教师应该鼓励学生在追求胜利的同时,也要注重运动精神和公平竞争。教师应该强调尊重对手、遵守规则、诚实比赛的重要性,帮助学生理解这些原则对于个人品质和社会道德的长远意义。

此外,教师还应该教育学生如何以积极的态度面对失败,将失败视为成长和学习的机会。通过体育活动,学生可以学会在失败中寻找教训,培养坚韧不拔的精神和积极向上的态度。

总之,学校体育活动不仅是学生锻炼身体的场所,也是他们学习社会规则、培养团队精神和竞争意识的重要途径。通过这些活动,学生能够在体育竞技中学习到宝贵的人生课程,为他们的未来社会生活和职业发展奠定坚实

的基础。

（二）加强体育教师队伍建设

体育教师在大学生思想道德素质的培养中扮演着至关重要的角色。他们不仅是体育技能的传授者，更是学生品德教育的重要引导者。因此，大学应当着重加强体育教师队伍的建设，提升教师的专业素养和道德素养，以确保教学工作的质量和效果。

大学可以通过定期组织专业培训和交流活动，提高体育教师的教学水平和理论知识。教师们可以通过参与这些活动，学习最新的体育教学理念和方法，同时交流教学经验，相互启发，共同提高。

教师的专业发展不仅需要继续教育和自我提升，还需要通过反思和自我评估来实现。教师应在每次教学结束后进行反思，分析自己的优点和不足，并进行自我评估。此外，教师还可以向学生、同事或上级领导征求反馈意见，从他们的角度来评价自己的教学效果和表现，以进一步提升自己的专业素养。

大学还应注重体育教师的师德培养，关心体育教师的身心健康，保障体育教学工作有质有量。体育教师教学工作强度和工作量要合理安排，鼓励教师参与不低于1次的培训活动，通过强化培训，逐步提高全体体育教师的专业化水平和教育教学能力。

大学还可以通过完善评价和激励机制，鼓励体育教师积极参与教学改革和研究，提升教学效果。同时，通过表彰和奖励等方式，肯定体育教师在教学和育人工作中的贡献，提升他们的职业荣誉感和社会地位。

通过这些措施，大学可以有效地提升体育教师的专业素养和道德素养，从而更好地发挥体育教育在大学生思想道德素质培养中的重要作用。

第六节　大学体育教师思政素养的提升

一、大学体育教师思政素养的内在特征

　　课程思政是新时代背景下形成的教育理念，旨在通过全员参与、全过程贯穿、全课程覆盖的方式，使各类课程与思想政治理论课程协同并进，产生协同教育效果，实现全人教育的目标。对于高等教育体系中的体育教师，课程思政素质特指其在教学实践中发掘和强化课程内蕴含的思想政治教育资源，运用这些资源实施教育，达成知识传输与思想教育的双重目标，提升体育教学的综合质量。

（一）全方位的教育培养意识

　　教育培养意识关注学生德、智、体、美、劳的全面发展，旨在培养符合社会需求的高素质人才。在课程思政框架下，体育教师应具备将思想政治教育无缝融入课程设计的能力，潜移默化地影响学生。这要求教师不仅拥有深厚的思政素质，还需掌握有效的教育方法，能够在传授专业知识的同时，引导学生树立正确的价值观，确保教育与思想政治工作的同步推进，为社会培育出全面发展的新时代精英。

（二）跨领域的教育技术创新观

　　教育技术创新观强调利用现代技术手段整合教育资源，优化学习过程，本质上是促进人才培养的技术策略，核心涉及教学设计与课程开发技术。课程思政促使体育教师革新教育观念，聚焦立德树人根本任务。在体育教学过程中，教师要将政治品德教育与体育教学相融合，采取直接讲解与间接渗透、显性与隐性教育相结合的方法，从而深化学生的思想道德修养。此外，

体育教师需借助多样化的教学辅助技术，拓宽教育技术的应用广度，激发学生的学习兴趣，促进主动参与，使学生在互动、体验、愉悦的氛围中轻松学习技能，激发潜能，助力个人成长。

（三）深层次的教学内容的融合能力

教学内容涵盖了大学生需掌握的知识点、原理、技能、价值观及思维方式等。面对某些课程可能存在的抽象理论和枯燥性，体育教师需扩展课程的广度与深度，不仅要精通专业领域知识，还需广泛吸收历史、文化、哲学、价值等跨学科知识，以增强教学内容的丰富性和深度。具备高度的思想政治素质，体育教师能在教学实践中，通过调整课程目标、开发利用显性和隐性教育资源、整合教学内容等手段，巧妙地将思想政治内容融入专业课程，运用实例和故事引导学生建立正确的价值导向，坚定理想信仰，帮助学生在价值多元化时代保持自我，避免迷失。如此，知识传授超越了纯粹的信息传递，升华至思想启迪、文化熏陶与价值引领的层面，既充实了学生的专业知识结构，又提升了他们的认知层次，全面推动课程思政的实施与学生全面发展。

二、大学体育教师思政素养提升面临的挑战

当前，课程思政作为一种创新的思想政治教育理念被明确提出，意在大学各学科教学中融入思政内容，促进学生全面发展。然而，大学体育教师在提升课程思政素质方面尚处在探索阶段，面临着若干问题和挑战。

（一）体育教师思政意识偏差与理念缺失

当前，尽管教育部门强调各学科应积极践行课程思政，体育教师作为教育实践的直接参与者，理应承担起在体育教学中融合德育与政治教育的任

务，培养学生的道德情感与政治素养。但实际情况表明，许多体育教师对课程思政的理解不够深入，未能准确把握其价值与内涵，常误以为思政教育仅限于专门的思政课程或辅导员的工作范畴，与自己的专业教学脱节。这种认识误区导致体育教师在心理上抵触课程思政，缺乏提升自身课程思政素质的积极性和主动性，与体育课程思政育人的初衷背道而驰。

（二）学校重视不足，教师思政责任淡化

在追求"双一流"建设的背景下，大学间竞争加剧，往往侧重于硬件设施升级和科研成果产出，对课程思政的重视程度不足。这直接反映在对体育教师的考核评价上，侧重于科研业绩而忽视课程思政的成效。由于职业晋升与考核紧密相关，体育教师更多关注于科研成果和教学比赛，而非课程思政的实施。此外，由于缺乏有效的培训和指导，体育教师在体育教学中融入思政元素的能力受限，进一步削弱了课程思政的实施效果。因此，大学需加强对课程思政重要性的认识，强化教师的责任感，为体育教师提供必要的支持和激励。

（三）培训机制不完善，教师思政素养不足

教师的思想政治素质是开展有效课程思政的基础，包括理想信念、爱国情怀、政治意识和法治观念等。当前，尽管大学尝试通过培训提升体育教师的思政素质，但培训机制普遍不够完善，培训内容和形式单一，难以满足实际需要。部分培训流于表面，缺乏深度和实效性，如简单的线上视频观看，缺乏互动和反馈，培训资源更新不及时，导致教师难以系统提升思政素养，无法在教学中有效识别和融入思政元素，限制了课程思政的深度与广度。因此，构建系统化、高效且具有针对性的体育教师思政素质培训机制显得尤为重要。

三、大学体育教师思政素养的提升路径

（一）及时调整观念，增强体育教学与课程思政协同育人的意识

教育理念是行动的指南针，对教师的教学行为及综合素质发展有着根本性影响。体育教师是否能提升课程思政素质，关键在于他们对体育课程中融入思政教育理念的认知与领悟。因此，体育教师需要转变传统教育观念，牢固确立课程思政协同育人的核心理念，这对于正面引导学生的成长至关重要。

体育课程思政的核心目标在于通过体育技能训练促进学生道德品质的提升，推动学生全面进步。在新的历史时期，高等教育面临新的挑战，尤其是将学生的思想政治教育置于教育活动的首要位置，构建课程思政体系已成为时代发展的必然要求。

在此环境下，大学体育教师不仅应及时调整教育观念，深入挖掘体育教学中的思政教育资源，还应关心学生的内心成长，将思政教育自然融入运动技能教授之中，达到潜移默化的教育效果，实现体育课程的立德树人目标。

（二）构建全面的体育教师思政教学能力培训系统

第一，加强体育课程思政专题培训。比如，邀请知名专家进行课程思政内容的专题讲座，帮助体育教师深刻理解课程思政的内涵与价值。通过这类专业培训，增强与提高体育教师对课程思政的认同感和重视度，激发他们参与课程思政教学的积极性，自发提升课程思政素养，主动将思政元素融入体育课程，形成自觉育人的教学态度。

第二，实施体育教师课程思政素质提升计划。大学应整合校内外资源，定期为体育教师提供思政理论、道德修养、时事政策等方面的专项培训，以提高教师的整体思政素养。这样，体育教师才能更好地将专业知识与思政教育有机结合起来，成长为新时代兼具思政理论素养的教师。

第三，开展体育教师课程思政教学技巧培训。定期举办线下课程思政教学展示活动，进行教学组织能力的培训，让教师以观察员的身份全程参与，学习课程思政的授课技巧、情境创设、创新教学手段以及教学辅助技术的运用。通过这样的方式，教师能有效吸收实践教学经验，进一步提升体育课程中的思政教学技巧，消除思政与专业教学分离的现象。

（三）构建评价机制，提升体育教师课程思政素养

教学评价与教师的职业晋升、职称评定密切相关，直接影响教师的教学行为导向。鉴于此，大学应根据自身情况，建立健全的教师课程思政评价机制，为课程思政的实施提供明确的标准。通过整合不同学科间的联系点，将课程体系与课程思政评价体系有机结合，形成科学的评价体系。在教师评价及育人效果评估中，引入量化的、可视化的考核标准，并将考核结果作为教师年度考核、职称晋升、奖励分配的重要参考，激励教师在教育教学中主动提升课程思政素质。

第五章　大学体育课程思政建设与教学实施

　　大学体育课程思政建设是我国社会发展到一定阶段，为了适应国家未来发展战略，而提出的一项人才培养策略。因此，大学体育课程思政具有特殊的内涵以及较强的时代意义，在建设过程中需要坚定的理论支撑，以及明确的原则约束。大学体育课程思政建设不是一蹴而就的事情，需要长期进行，为了确保这一系统工程的稳健发展，还应构建科学的建设路径和评价机制等，本章将就以上内容展开详细分析。

第一节　大学体育课程思政的内涵与时代意义

一、大学体育课程思政的内涵

（一）大学体育教育的含义

"体育"这个词在日常生活中频繁出现，它既指代一系列人类的身体活动和竞技行为，也代表一种有意识、有目的、有组织的集体活动。学术领域中，众多学者从不同角度对"体育"的定义进行了深入探讨，并试图界定和阐释体育的内涵。综合各家观点，我们可以将体育的内涵分为狭义和广义两种。狭义的体育主要指身体活动，涉及学习身体活动的基本原理，掌握运动技能，以增强体质。在现实生活中，体育的体现多种多样，如常见的体育设施、大众自发的健身活动、大学生参与的校园体育赛事等。体育渗透在我们生活的各个角落，它的目的不仅限于竞技和荣誉，还在于获取课堂之外的知识，这涉及广义上的体育概念，其目标更为多样，更注重人的长期发展。广义体育以人的全面发展为核心，致力于培养团结、竞争、集体、分工与合作的意识，推动个人成长和社会进步。

因此，对大学而言，体育不仅是组织学生进行身体活动，也不仅是上好体育课那么简单。大学体育应强调普及性和参与度，鼓励大学生积极参与体育锻炼和体育活动，同时与体育文化深度融合，将个人与环境相协调，促进学生身心和谐，增进集体的团结，进而推动国民健康、体育强国建设，最终促进国家整体的和谐发展。本文将体育定义为"通过规范的身体活动改造人的'身体自然'的社会实践活动"。[①]大学体育涵盖了在高等教育机构中开展的体育教学、课外体育活动、体育竞技、体育锻炼，以及体育设施的建设和

[①] 杨文轩，陈琦.体育概论[M].北京：高等教育出版社，2013：48.

体育文化的培育等方面。

早在古希腊和古罗马时期,体育就受到了人们的高度重视和热烈追捧。希腊举办的第一届奥林匹克运动会孕育了理解、友谊、团结和公平竞争的奥林匹克精神。美国历史学家杜兰特在他的《文明的故事》中曾说过:"希腊的真正宗教,其实是对健、美、力的崇拜。"[1]体育课程的开设与体育活动的开展,为保证高校人才培养质量奠定了坚实的基础。大学体育教育与民族精神深度融合为一体,形成了具有中国特色的大学体育精神,这既是民族精神的重要组成部分,也是民族精神在体育实践中的具体表现。

(二)大学思想政治教育的含义

思想政治教育是教育者与受教育者根据社会和自身发展的需要,以正确的思想、政治、道德理论为指导,在适应与促进社会发展的过程中,不断提高思想、政治、道德素质和促进全面发展的过程。大学思想政治教育是我国思想政治教育体系中极为关键的部分。它以马克思列宁主义、毛泽东思想、邓小平理论、"三个代表"重要思想、科学发展观,全面贯彻习近平新时代中国特色社会主义思想为指导,紧跟党的教育方针,并且随着时代的步伐不断更新发展。思想政治教育既是大学的一门必修课程,也是贯穿整个大学生活的一种潜移默化、自由形态的教育。教育者通过专业的技巧和方法,规范学生的行为习惯,引导他们树立正确的世界观、人生观和价值观,并将思想政治教育融入高等教育的教学和管理中。

新时代的大学生思想政治教育是一门科学,专注于研究大学生的思想动态、意识形态、理想信念及其发展规律。它强调思想政治教育的时效性、实践性和针对性,秉承创新原则。为了提高大学生思想政治教育的实效性,必须紧密结合大学生的实际情况和特点,坚持"育人为本、德育为先"的原则,培养德智体美劳全面发展的社会主义建设者和接班人。从教育方式来看,大学生思想政治教育分为内化和外化两个方面:内化通过课堂教学引导

---

[1] 威尔·杜兰特.文明的故事[M].中国台湾幼狮文化译,北京:天地出版社,2018:69.

学生的思想，将被动接受教育转化为主动学习，形成个人的三观；外化则是将内在意识转化为具体的实践活动。

例如，大学中许多学生参与的"放飞梦想、歌颂祖国"等活动，表达了他们对未来的美好憧憬和爱国情怀，最终实现思想政治教育的内化于心、外化于行，培养他们成为坚定不移听党话、跟党走，有理想、敢担当、能吃苦、肯奋斗的新时代好青年。

在新时代背景下，不断加强和创新大学生思想政治教育，将体育教育与思想政治教育相结合，不仅能有效提升大学生的思想认识，还有利于挖掘和发挥体育教育的思政功能，有助于培养符合新时代需求的高素质人才。

二、大学体育课程思政的时代意义

在中国特色社会主义新时代，大学体育课程不仅承载着增强学生体质、提升运动技能的重任，更肩负着培养学生道德品质、塑造健康人格的使命。将思政教育融入体育课程之中，不仅是对体育课程内涵的丰富与拓展，更是对新时代教育理念的积极响应与实践。因此，全面加强和推进大学体育课程思政建设，具有深远的时代意义，具体体现在以下几个方面。

（一）有利于发挥体育思政功能

体育思政功能，简而言之，即通过体育活动这一载体，潜移默化地对学生进行思想政治教育。在体育课程中融入思政教育元素，可以使学生在参与体育活动的过程中，深刻体会到团队合作的重要性、树立规则意识的必要性以及培养坚持不懈、勇于挑战的精神品质。这些品质正是当代社会所亟须的，也是大学生未来走向社会、参与竞争所必备的。

体育课程思政可以通过多种方式发挥其功能。例如，在体育教学中强调集体主义精神，通过集体项目如篮球、足球等比赛，培养学生的团队合作精神和集体荣誉感；在训练过程中注重学生的意志品质培养，通过设定目标、克服困难、完成挑战等过程,锻炼学生的意志力和毅力;同时,还可以通过体育名人事迹、体育精神等内容的讲解,引导学生树立正确的价值观和人生观。

(二)有利于实现学生全面发展

在当今"五育并举"的教育格局下,我们不仅要关注学生的学术成就,更要注重其全面素质的培养。《高校思想政治工作质量提升工程实施纲要》的出台,为我们指明了方向,强调了专业课程与思政教育的深度融合。其中,体育课程作为培养学生身心健康的重要一环,其蕴含的隐性思政要素尤为丰富,对于促进学生的生命教育、压力缓解、社交能力提升以及责任感增强等方面,具有不可替代的作用。

为了更好地将思政教育融入体育课程,可以结合英雄或体育健将的案例进行教学。通过介绍他们的奋斗历程和感人故事,激发学生的爱国热情和民族自豪感,培养学生的奉献精神和积极进取态度。同时,也可以引导学生思考如何将这些优秀品质应用到自己的学习和生活中去,成为有理想、有道德、有文化、有纪律的新时代青年。

大学生思想政治教育与体育教育的融合,是贯彻党的教育方针、落实立德树人根本任务的具体体现。这种融合不仅有助于培养学生正确的价值观、体育素质和品德修养,还有助于提高他们的综合素质和竞争力。因此,需要整合教育资源、构建多学科合作育人模式、挖掘共同育人方式,将思政教育与体育课程紧密结合起来,为学生的全面发展提供有力保障。

在具体实施过程中,可以采取多种措施来推动思政教育与体育课程的融合。比如,邀请优秀的运动员或教练员来校举办讲座或指导,让学生近距离感受他们的风采和魅力;在体育课程中设置一些与思政教育相关的主题活动或比赛项目,让学生在参与中接受教育、在体验中成长;建立学生体育社团或俱乐部等组织平台,让学生在自主管理、自我服务中锻炼能力、提升素质。

"五育并举"格局下的思政教育与体育课程融合是一项长期而艰巨的任务。我们需要以高度的责任感和使命感来对待这项工作,不断探索和实践新的教学方法和手段，为学生的全面发展贡献智慧和力量。只有这样，才能培养出更多德智体美劳全面发展的社会主义建设者和接班人，为社会主义现代化建设提供强有力的人才保障。

（三）有利于加强体育强国建设

体育是人类日常生活的一部分，更是实现社会主义现代化建设的重要方面。2019年8月《国务院办公厅关于印发体育强国建设纲要的通知》中明确提出到21世纪中叶要全面建成社会主义现代化体育强国，体育综合实力和国际影响力居于世界前列，体育成为中华民族伟大复兴的标志性事业。为了达到这一宏伟目标，需要动员全社会的力量共同奋斗、共同推进。体育文化是体育领域的精神内核，它带有鲜明的民族特色、社会价值和时代印记，为体育强国的建设提供了坚实的基础，并激励着体育事业与时代同步发展。竞技体育作为体育运动的一个重要分支，其强化发展不仅促进了体育相关设施和场馆的建设，而且有助于培养运动员坚定的意志和顽强拼搏的精神，为实现体育强国的目标奠定了坚实的基石。学校作为具有政治教育职能的场所，承担着推动体育强国建设的神圣职责。[①]因此，在新时代背景下，将大学生的思想政治教育与体育教育相结合进行育人工作显得尤为关键。这种融合不仅能够提升学生的体质，而且在教学过程中，还能锻炼学生的意志力，增强他们面对困难和挫折的应对能力。通过持续的思想政治教育引导，可以培育大学生的爱国主义情怀，唤起他们的民族自豪感以及对党和国家的深厚感情，加强他们的社会责任感。这有助于学生将个人理想与社会理想相结合，使个人梦想的实现与国家梦、民族梦的实现相辅相成，对于推进体育强国的建设同样具有深远的意义。

世界各国的竞争主要是综合国力的竞争，而综合国力的较量又以人才的竞争为根本。在中华民族伟大复兴、中国特色社会主义现代化建设的进程

---

① 李彬彬，张欣怡.立德树人视域下高校体育与思想政治教育融合育人研究[J].体育风尚，2021（5）：209−210.

中，人才战略作为国家发展的战略根基必不可少。只有落实人才战略，我国才能迈向新征程，体育强国梦才能实现。

新时代我国体育事业发展的最高战略目标就是实现体育强国，建设体育强国离不开专业人才支撑，因而培养高素质的体育人才队伍势在必行。这就要求对体育课程思政的独特育人价值加以挖掘，使其得以充分发挥，通过体育课程思政建设与教学实施，培养身心健康、德才兼备的全面型体育人才，为体育强国战略实施提供重要的人力资源和基础保障，使体育人才在参与体育强国建设的过程中实现个人价值。

（四）有利于加强教育强国建设

党的十八大以来，习近平总书记高度重视、关心高等教育，提出一系列关于大学思想政治教育的新思想、新理论、新观点，强调要加快推进教育强国建设，就必须始终紧紧把握高等教育的正确政治方向，不论是大学体育课程还是其他必修或选修课程都要以立德树人作为根本任务，推动德智体美劳全面培养的教育体系不断健全起来。人才对国家的发展至关重要，因此人才培养成为一项关键任务。大学体育不仅在人才培养中扮演着重要角色，它有助于增强学生体质、提升学生的社会适应能力、缓解学生压力，而且也是大学思想政治教育的重要途径。大学体育是传承中华体育精神和中华优秀传统文化的重要媒介，同时也是培育德智体美劳全面发展的社会主义建设者和接班人的关键平台。建设教育强国需要德智体美劳各方面的协同育人。

因此，大学必须进一步加强思想政治教育与体育教育的融合，这不仅有助于坚定大学生的理想信念、培养他们的爱国精神，还有助于塑造他们健康的体魄和坚强的意志。通过这种融合育人方式，可以不断增强我国的教育力量，为新时代高等教育工作和教育强国的建设打下坚实的基础。

（五）有利于落实立德树人任务

学校教育的根本任务是培养人才，学校教育的根本使命是立德树人。课程思政的提出要求高校在育人方面不仅要传授知识和技能，促进学生文化素养和实践能力的提升，还应该注重对学生内在价值体系和思想观念的培养，促进学生思想观念意识的提升，引导学生形成正确的世界观、人生观和价值观。

大学生思想活跃，个性鲜明，面对这样的教育对象，应注重实施思政教育，并将思政教育融入专业课教学中，包括体育课。落实大学体育课程思政建设不仅能够培养专门的体育人才，还能通过思想引领和价值塑造提升学生的内在修养，将"育体""育德"结合起来。

大学体育课程思政建设的提出贯彻了全国高校思政工作会议精神，破解了体育育人的"单向度"困境，是全面贯彻教育方针、深入落实教育强国和体育强国发展战略、实施素质教育的重要组成部分。素质教育理念强调培养人才的基本素质，促进培养对象个性的发展与健全，实现全面发展。因为学生社会阅历比较缺乏，世界观、人生观和价值观还不够稳定，而且也有可能偏离正确方向。再加上社会上各种思潮激流勇进，学生难免会被负面思想和言论侵蚀。因此，将思想政治教育融入学生喜爱的体育课程教学中既能培养学生的身心健康素质，又能提升学生的思想政治素质，并健全其人格，从而真正满足素质教育的要求。总之，体育课程思政强调体育多元价值的充分发挥，有助于实现新时代立德树人的根本任务。

（六）有利于人才质量的提升

大学肩负着为国家培养优秀人才、立德树人的伟大使命。体育课程作为学校教育的一部分，要通过课程建设与教学实施去贯彻育人方针，完成育人使命。课程思政、全面育人等理念的提出体现了国家在教育方面教育方针的变化与教育结构的完善。为贯彻国家教育体制改革的方向和国家教育方针的发展变化，要求在体育课程教学中将思政教育融入进去，将价值观培养、人生观引导、世界观塑造等融入体育知识传授与技能训练中，并借此培养学生的拼搏精神和顽强意志。体育课程思政是健康教育、思政教育和综合素质教育的统一体，是学校培养全面发展人才的重要举措，是提高人才培养质量的重要突破口，能够开创我国体育教育事业发展的新局面。

第二节 大学体育课程思政建设的理念与原则

一、大学体育课程思政建设的理念

（一）实现教育与才能培养的统一

深入贯彻习近平总书记关于体育与校园体育工作的核心指示，将立德树人作为最高目标，将思想政治教育全面融入体育专业人才的培养流程中，充分利用体育课程思政的教育平台，强化其在塑造学生灵魂方面的作用。通过结合体育理论与运动技能的教学实践，引导学生建立正确的世界观、人生观和价值观，培育既有远大理想、又勇于承担责任、专业追求卓越的青年学子。[1]

体育课程的实施应超越纯粹的知识传授和技术训练，将基础教育与价值观念、人格特质、综合能力的培养深度融合，真正实践以塑造人为本，以才能培养为重任，全面促进学生综合素质的发展。

（二）融合显性与隐性教育模式

第一，体育课程思政建设需秉持面向全体学生的教育观，确保每个学生都能在体育课程中接收到道德文化的熏陶。

第二，将思政元素和方法融入各类体育课程的教学实践，充分发挥体育课程的潜在教育功能。

第三，应将体育理论学习与实践活动紧密结合，增强课程思政的系统整合性，通过体育课堂教学、课外体育活动、校外体育实践等多元化形式，构

---

[1] 黄城昊.湖南省大学公共体育课程思政建设研究[D].株洲：湖南工业大学，2022：44.

建全面丰富的体育课程思政生态系统。

第四，重视显性教育与隐性教育的互补，前者专注于体育知识与技能的直接教学，后者则侧重于精神、品行及价值观的潜移默化培养。

（三）切实增进学生的健康素养

将"健康优先"的原则贯穿于大学体育教学的全链条，将全面提升学生健康素养纳入体育课程思政的教育框架内，重点培养包含健康观念、健康知识、健康技能、健康管理能力在内的学生健康素养体系，促进学生形成健康文明的生活习惯，同时培养其积极乐观、坚韧不拔、团结协作、持之以恒的良好品质。①

二、大学体育课程思政建设的基本原则

大学体育课程思政建设要贯彻五项基本原则，如图5-1所示。

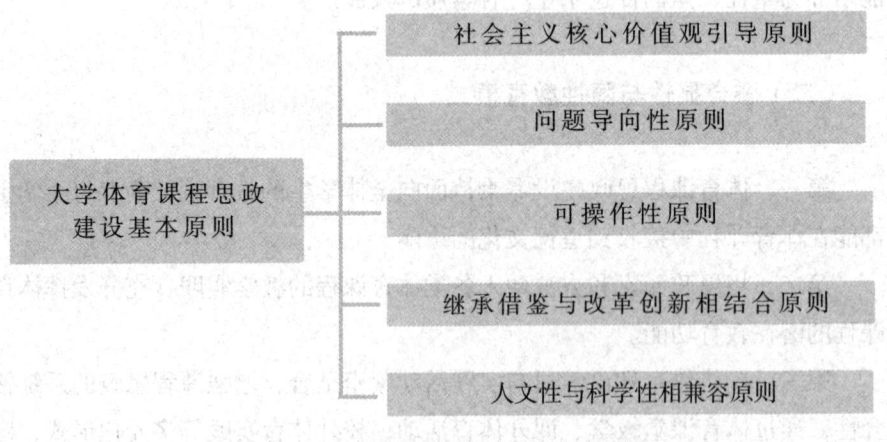

大学体育课程思政建设基本原则：
- 社会主义核心价值观引导原则
- 问题导向性原则
- 可操作性原则
- 继承借鉴与改革创新相结合原则
- 人文性与科学性相兼容原则

图5-1　大学体育课程思政建设基本原则

---

① 陈晓雪."立德树人"视域下大学体育课程思政建设研究[D].株洲：湖南工业大学，2022：26.

（一）社会主义核心价值观引导原则

在现代高等教育体系中，"立德树人"已成为核心使命，为了实现这一目标，在教育体系中融入社会主义核心价值观是至关重要的，这同样是大学体育课程思政建设的关键方向和原则。体育课程的教学应当从多方面、多角度引入德育元素，将社会主义核心价值观的精神实质贯穿其中，确保课程思政与体育教学的紧密结合。体育教师应将培养具有高尚品德的社会主义建设者和接班人作为教学的根本目标和核心任务，可以根据学生的实际情况，开展线上体育课程，更有效地将课程思政融入教学之中，从而提升学生的思想道德素质。

（二）问题导向性原则

大学体育课程的思政建设与教学设计必须遵循问题导向原则，将强化问题意识、坚持问题导向作为教学活动的逻辑起点。具体来说，在体育课程思政建设中贯彻这一原则需要做到以下几点。

1.发现问题，正视问题

一些大学虽然开设了体育课程，但往往只是为了完成教学任务，重视考试成绩而忽视了体育教学的精心设计。课堂上过分强调练习，而缺乏对体育内在价值和深刻内涵的理解。教学内容多以体育基础知识和运动技能为主，忽视了体育精神的传承和体育价值的引领。理论教学内容或运动技能教学内容往往缺乏生动性和趣味性，难以激发学生兴趣，也难以发挥体育课程的思政育人优势。在大学体育课程思政建设中，要及时发现并认真对待这些问题，将解决实际问题作为体育课程思政建设的重要突破口。

2.研究问题，解决问题

在发现问题、正视问题后，要在大学体育课程思政建设中解决以下问题。

（1）拓展体育课程教学内容

将体育教学作为主要教学平台，立足学生实际需求，在体育课程思政教学中既要增强学生体质，又要引导学生坚定理想信念，形成积极向上的健康生活方式，走出虚拟的网络世界，多学习、多运动。在体育教学中既要传授基础知识，教授运动技能，又要普及与传播体育文化，在体育教学中融入中国梦教育、社会主义核心价值观教育，发挥体育教学的优越性，实现全面育人的目标。

（2）挖掘体育的教育功能

体育课程最主要的功能是增强学生体质，提高学生的运动技能水平。但体育课程的功能非常多元，不限于此。除了这些基本功能外，还具有重要的思政教育功能、德育功能、智育功能、美育功能。充分挖掘体育的教育功能，将体育精神培育、思想政治素质教育、人格培育、道德素质培育等融入体育教学中，有助于促进大学生全面发展，使大学生深入理解体育精神，并在长期的运动实践中形成积极拼搏、团结向上、坚持不懈、爱国爱集体等美好品质，这将为体育课程思政的进一步发展带来新的曙光。

（3）提升体育教师的综合素质

大学体育课程思政的建设水平、体育课程思政教学的实际效果等都直接受到体育教师自身综合素质的影响。作为体育课程思政的建设者与组织者，体育教师要自觉学习习近平新时代中国特色社会主义思想，不断提升自己的思想政治素养和道德素养，并将这些收获内化为教学能力，从而在体育课程思政设计中真正秉持以人为本的原则，以学生为中心，引导学生树立正确的世界观、人生观和价值观，最终完成立德树人的任务。

（三）可操作性原则

在大学体育课程思政建设中，进行课程思政教学的科学规划至关重要，它可以确保课程思政教学的有效实施，并为教学提供清晰的指导和方法。为了确保课程思政设计的有效性，需要遵循可操作性原则，确保设定的课程目标切实可行，教学内容符合学生需求，教学方法有助于达成教学目标，教学评价能够准确反映体育课程思政的实施效果。

贯彻可操作性原则要求体育教师将思政教育元素有机地融入体育教学中，将知识技能的传授与价值观念的引导相结合，以充分发挥体育课程在思政教育和德育方面的优势。此外，体育教师设计的体育课程思政教学目标、内容、方法等应易于学生理解并得到学生的认可，这有助于体育教师更有效地开展融入思政教育的体育教学。

具体来说，在体育课程思政建设中贯彻可操作性原则需要注意以下两点。

（1）体育教师应基于大学体育教学和思政教育的实际情况进行体育课程思政建设，综合考虑学生的实际需求和社会的发展需求，设计出符合实际的体育课程思政目标、内容、方法和组织形式。

（2）为了提高体育课程思政实施的便捷性，需要结合体育课程和思政教育的特点，加强两者的融合。要避免将体育课上成思政课的模式，同时确保体育课程中蕴含的丰富思政教育元素能够融入体育教学内容的实施中。在具体教学过程中，教师应逐步引导学生，促进学生情感的提升和科学价值观的建立，通过潜移默化的方式实现体育课程在情感、态度和价值观培养方面的目标。

（四）继承借鉴与改革创新相结合原则

在大学体育课程思政建设中，也应坚持继承与创新相结合的原则，既要继承和发扬体育课程在思政教育方面的传统特色和优势，又要总结和提炼体育课程中的思政元素。同时，要紧跟时代步伐，用发展的眼光来设计适应新时代要求的体育课程思政教学内容和方法，不断健全和完善大学体育课程思政体系，培养能够承担起民族复兴使命的新时代青年。

（五）人文性与科学性相兼容原则

德国哲学家雅思贝尔斯指出："以正确的方式传授知识与技能，其本身就已经是一种对整个人的精神教育。"体育与思想政治教育天然地融合了人文关怀与科学精神，两者相辅相成，不应存在不可逾越的界限。然而，受到功利主义等思潮的影响，科学教育有时被简化为技能训练，体育教育有时也被误解为仅仅是培养运动员的课程，这样的趋势忽视了这些学科在传递人文关怀方面的重要作用，导致了教育的不完整性，无法全面促进大学生的发展。在新时代，将思想政治教育与体育教育相结合，培养全面发展的人才，必须避免这种片面性,坚持人文性与科学性的统一,体现对大学生的深切关怀,既要着眼于当前,也要放眼未来,坚持人文性与科学性并重的原则。

人文性原则强调在思想政治教育与体育教育中,大学生作为学习的主体,不应被视作单纯的知识接收器,而应更加关注他们的情感、意志和价值观的塑造,充分体现对学生的人文关怀。科学性原则要求在融合育人的过程中,根据大学体育的学科特性和思想政治教育的目标,科学合理地设计"课程思政"等方案,使大学生在参与体育活动的同时,潜移默化地接受思想政治教育。

这一原则特别适用于新时代大学生思想政治教育与体育教育融合育人的内容建设,要求在大学体育教学中体现课程思政的科学性和人文关怀,在体育文化建设中让学生体验到科学运动的乐趣,在体育竞赛中让学生感受到精神上的成就感和意志力的提升。因此,人文性与科学性相结合的原则是新时代大学生思想政治教育与体育教育融合育人的核心原则,它体现了对全人类共同价值的坚守。在大学体育的多种形式中,教师要实践自由、平等、尊重等人文关怀,真正关心学生的成长和心理状态,与大学生建立积极的互动关系。同时,要根据各大学体育与思想政治教育的实际水平,因势利导,根据实际情况进行创新性改革,最大限度地发挥大学体育的思想政治教育功能,科学地开展各项体育活动和课程。

第三节 大学体育课程思政建设的现状与优化路径

一、大学体育课程思政建设的现状

(一)思政育人目标不明确

从三维目标分析法的视角来看,大学体育课程的目标可以划分为三个主要维度：第一是知识与技能，第二是过程与方法，第三是情感、态度与价值观。通过评估学生对体育知识和技能的掌握程度，可以判断知识与技能目标的达成情况；通过精心设计和灵活运用各种教学方法和手段，可以达成过程与方法维度的目标。然而，情感、态度与价值观这一维度的目标则不易直接评估，它们属于思想层面的目标，相对抽象，如果在实际教学中未能给予足够的重视或处理得过于笼统，将不利于师生对这些目标的理解和实现，进而影响全面育人效果的提升。

课程思政的引入对情感、态度与价值观这一育人目标提出了更高的要求，要求在大学体育课程思政建设中将知识技能的传授与价值观念的引导相结合。但目前，许多大学的体育教师尚未将思想和精神层面的育人目标有效地整合到体育课程目标体系中，或者在表述思政目标时过于抽象和空洞，这不利于对这些目标的理解和评估其实现程度。

（二）教师的思政素养不高

课程思政的理念强调在专业课程教学中融入思想政治教育，深入挖掘并有效利用课程中的思政资源，教师在传授专业知识的同时，引导学生形成正确的价值观，充分发挥课程的德育作用，以实现立德树人的教育目标。然而，由于课程思政理念提出的时间相对较短，且在体育学科中的应用还未得到广泛重视，其与体育课程的融合仍处于探索阶段。这就导致一些不可避免的问题，如体育教师对课程思政理念缺乏深入的认识和理解，在体育课程中融入的思政教育内容不够充分，或者不够妥当，整体上难以达到理想的体育思政教学效果。于是，学生也是一知半解，在体育思政学习中难以形成深刻的认知，其自身的探索主动性也不高。因此，鉴于以上情况，要实现体育课程与思政教育的有机结合，仍需付出长期的努力。

（三）体育思政资源挖掘不够

挖掘体育课程中的思政元素是实施体育课程思政的关键步骤。然而，由于体育教师在思政教育方面的专业能力有限，以及体育课程中思政元素的复杂性，体育课程思政元素的挖掘往往不够深入。尽管在体育知识与技能的教学中已经尝试融入思政教育，但往往缺乏深度，对课程中思政元素的理解和运用不够精准。有些教师甚至将一些与思政教育关系不大的思政内容生硬地加入到体育教学中，这种做法不仅浪费了教学时间和资源，而且最终的育人效果也难以达到预期。

（四）体育思政教学评价体系有待完善

确保大学体育课程思政建设的顺利实施，关键在于建立并逐步完善体育课程思政的评价体系。然而，鉴于大学体育课程思政建设仍处于摸索阶段，相关的教学管理机制尚未成熟，评价标准也尚未统一。大学体育课程思政缺乏系统的评价体系，这在很大程度上与大学对体育课程思政重视程度不够有关。如果评价机制持续缺失，那么对体育课程思政的育人效果难以进行有效评价，教学质量也难以得到保障。尽管一些大学已经开始尝试构建体育课程思政的评价体系，但现有的评价指标较为单一，评价方法也不够多样化，这限制了对体育课程思政实施效果进行客观、准确的评价。

（五）体育内容与思政内容融合不深

大学体育课程思政内容的设计需要进一步强化。部分大学仅是形式上将体育项目与思政内容相联系，试图通过特定体育项目的教学来实现特定的思想政治教育目标，但并未深入探讨如何将技能教学、体能训练、文化熏陶、活动比赛等教学环节与思想政治素养的认知、情感、意志和行为表现相融合，这导致某些教学内容设计显得生硬，甚至有些牵强。

此外，一些体育教师在开展相关内容教学时，往往只能依据个人理解进行，虽然在口头上尝试引导学生，但在具体的教学实施过程中，缺乏系统和有效的指导方法。

二、大学体育课程思政建设的优化路径

（一）学校领导应高度重视

在推进大学体育课程的思想政治教育建设过程中，需要学校领导和相关行政部门的积极支持与有效协调，以构建一个全面的领导体系来推动体育课程思政工作的进展。学校领导应当客观地评价体育课程思政建设的成效，激励体育教师在体育教学实践中融入思想政治教育元素，营造一个追求真理和严谨的思政教育氛围，同时避免流于形式。

此外，为了提高体育课程思政建设的质量，学校相关部门还应提供"精确反馈"，及时对体育课程思政建设中存在的问题进行调整和优化，确保体育课程思政建设的顺利进行和最终成果的质量。

（二）深入挖掘体育课程中的思政元素

为了加强大学体育课程的思想政治教育建设，需要对现有的体育课程体系进行大胆改进，深入挖掘体育课程中蕴含的思想政治教育资源；依托大学优质的教师资源，与思想政治教育课程的教师共同探讨如何将思想政治教育内容融入体育课程体系之中。

通过体育课程的思想政治元素和德育功能，培养学生的世界观、人生观和价值观，优化体育课程与思想政治教育相结合的教学大纲，确保体育知识技能教育与德育、价值观引导的有机结合。将立德树人的理念融入体育知识传授和技能培养的过程中，平衡知识技能教育与思想政治教育，全方位、多角度地培养德智体美劳全面发展的人才。

（三）以学生为主体选择思政教育模式

立德树人是课程思政建设的核心目标，其目的在于提升学生的思想道德素养，并促进他们的全面发展。由于学生的成长背景和个性特点各异，他们

的思想观念和价值认同也存在差异，对道德评价的标准也有各自不同的理解和认识。为了提高学生的思想道德水平，帮助他们正确理解和掌握道德评价的标准，并以高标准严格要求自己的道德行为，大学体育课程教学中应该融入课程思政的理念，具体来说需要做到以下两点。

第一，要基于实际情况培养大学生的体育专业素养。这包括激发大学生对体育运动的兴趣，普及体育基础知识，帮助大学生更深入地理解体育运动。通过深化教学内容，提升大学生在体育认知、文化素养和技能等方面的水平。

第二，要组织多样化的体育文化活动，将体育文化的内涵融入其中，培育大学生的体育精神，并引导他们深入了解体育文化与思政教育的结合点。鼓励学生主动探索体育课程中的思想政治元素，自觉地在体育知识和技能学习的过程中接受思政教育，从而提升他们的思想政治意识。

（四）丰富与完善体育课程思政教学内容

大学体育课程思政建设的关键环节，是对教学内容的进一步提升和完善。由于以往编写教材的主要目的是教授体育知识和技能，因此缺乏相应的思政元素。如果继续沿用原有的教学内容，那么很难融入思政的部分，即使教师将思政元素带入课堂，也会有生硬感。因此，优化大学体育课程思政教学必须对教材内容进行重新选择和编写，为思政教育做好准备。

具体来说，在向学生普及某个运动项目的竞赛规则时，教师在讲解规则的具体内容时，应在此基础上进行一定的提升，从而培养和增强学生的规则意识，并内化公平竞争的良好品质。在实践课上也能增加思政教学的内容，如在举办体育竞赛等活动时，教师可以结合真实场景和案例，适时地对学生进行思政教育，遇到挑战应积极面对，不仅为了自己的成绩，也为了集体的荣誉。当学生在训练中遇到技术瓶颈，或者在比赛中遇到强劲的对手，也是开展思政教育的良好时机，教师应鼓励学生发挥拼搏精神，克服恐惧，努力提升自身的运动技能和水平，争取在赛场上发挥出最好的状态，为自己所在的团队创造更好的战绩。

（五）充分利用科技手段提升思政教学效果

在课程思政理念的指导下，结合思想政治教育的要求，创新体育课程教学方法具有重要的现实意义。具体来说，需要充分发挥体育课程的德育功能，采用开放性的教学方法，将思政元素融入传统教学方法中，综合运用多种教学手段，使学生在掌握体育知识和技能的同时，也能在潜移默化中提升个人的道德素养和综合素质。

为了在大学体育课程思政建设中取得更好的教学效果，体育教师可以根据实际教学情况，设计和实施翻转课堂等创新教学方法。首先，对体育运动中具有价值导向的要素进行整合，然后通过任务驱动、问题讨论、文化比较等方法，引导学生完成教学任务。鼓励学生以小组为单位进行合作学习，共同分析和解决问题，这有助于培养学生的合作意识和沟通能力，同时激发学生的积极思考和主动探索精神，营造一个积极向上的学习氛围。

（六）构建与完善体育课程思政教学评价机制

在大学体育课程思政建设中，为了确保建设工作的顺利进行，需要在教学管理体制中纳入课程思政相关的评价体系。具体来说，完善体育课程思政教学评价机制需要从以下两个方面着手。

第一，在体育课程思政教学评价中，应将体育教师的师德师风纳入评价内容，并将其作为教师职称评定的一个重要参考指标。这样可以发挥教学评价的激励作用，鼓励体育教师自觉提升自身素质，在教师队伍中营造良好的思政教育氛围和全面的育人风气。

第二，评价工作应采用多样化的评价视角、方法和指标，打破传统教学评价中以技能评价和总结性评价为主的模式，更加注重考查学生的道德素质、体育精神和学习能力。在评价过程中，要充分体现课程思政的要求，激励师生共同参与体育课程思政建设，共同推动体育课程思政教学的深入发展。

（七）提升体育教师的课程思政能力

大学体育课程思政建设的成败，以及课程思政实施的效果，很大程度上取决于体育教师的素质和能力。体育教师作为体育课程思政的实施者和推动者，他们的思想政治道德水平和教学能力直接关系到育人成果。因此，为了提升大学体育课程思政建设的质量和育人水平，必须加强体育教师的思想政治教育和专业培训，促进他们的思想道德水平提升、课程思政意识增强，并提高他们将课程思政融入专业教学的能力。

为了提高体育教师的思政教育能力和专业教学能力，应该将德育意识培养纳入教师培训体系，并鼓励体育教师系统学习中国特色社会主义核心价值观。同时，引导体育教师在不同的体育课程中寻找与思政教育的结合点，充分利用体育教学内容中的思政元素和德育功能来教育和培养学生。

大学可以组织与体育相关的"思政课程"培训活动，鼓励体育教师积极参与，并与专业思政课教师进行更多的交流和沟通，共同探讨如何将思政教育融入体育课程的方法。通过这种方式，可以促进体育教师在课程思政方面的教学能力提升，以及在综合育人能力上的增强。

第四节　大学体育课程思政建设质量评价

在全程、全方位育人理念下，大学体育课程思政建设成为重要环节，但质量研究较少。质量研究可多角度切入，如内涵、表现、形态等，但现实研究缺失。大学体育课程建设应重质量，以"立德树人"为导向，加强督导与评价，使内容更加规范，使形式更加科学。因此，体育课程思政建设质量评价应成为研究方向。

一、大学体育课程思政建设质量评价机制

为了引导大学体育课程思政建设过程的规范进行，为建设工作的开展提供机制支持，并提供有保障的可行路径，需要建立大学体育课程思政建设质量评价机制，如图5-2所示。

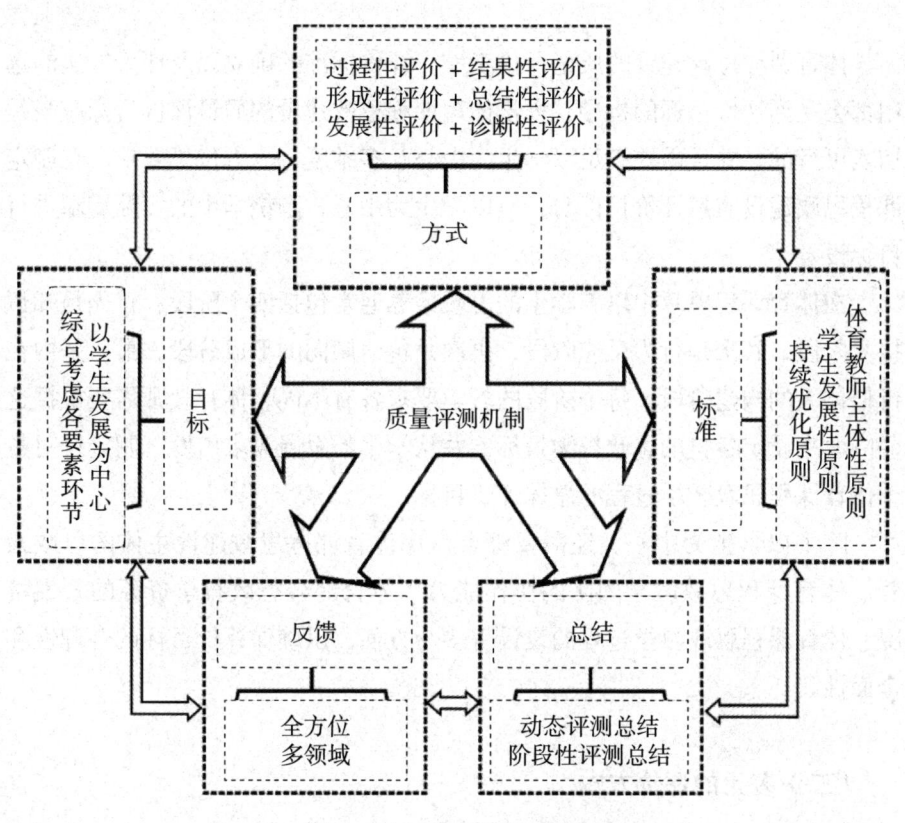

图5-2　大学体育课程思政建设质量评价机制①

图5-2所示的大学体育课程思政建设质量评价机制比较完整，具体包括

---

① 赵富学, 黄莉, 王相飞.高校体育课程思政建设质量督导与评测[J].体育教育学刊, 2022, 38（1）: 8-14+103.

评价目标、评价方式、评价标准、评价总结和评价反馈五个要素，要充分发挥质量评价的功能，就要对这五个评价要素提出基本要求，即评价目标要合理，评价方式要多元，评价标准要可靠，评价总结要及时以及评价反馈要精准。具体分析如下。

（一）合理的评价目标

体育课程思政建设的质量评价工作、评价标准的确立以及评价方法的选用都会受到评价目标的指导。大学体育课程思政建设的质量评价目标应当是切实可行的，并且需要满足以学生为中心、多维度、全方位等要求。在制定课程思政建设质量评价目标时，应以学生为中心，围绕学生的实际需求进行目标设定。

在体育课程思政中培养学生的思政素养通常包括四个阶段：首先是知识接受阶段，其次是行为反应阶段，再次是价值倾向的形成阶段，最后是内在价值体系的构建阶段。每个阶段的教学要求各有不同，体育教师需要根据这些阶段来设定各自的思政教学目标，并从学生的发展需求出发，制定针对整个体育课程思政教学过程的总体评价目标。

除了以学生为中心，还需要综合考虑体育课程思政建设主体的思政素养、体育课程思政教学团队的协作能力、体育课程思政教学资源的开发情况、体育课程思政教学过程的设计等多个方面，以确保评价目标的合理性和全面性。

（二）多元的评价方式

在大学体育课程思政建设的质量评价中，采用多样化的评价方式能够更全面地检验体育课程思政的育人成果，也更容易发现问题并改进，从而提升育人水平和人才培养质量。

体育课程是体育教学的基本单元，整个教学过程都应包含课程建设质量的评价。因此，进行课程建设质量评价时，应从整体出发，采用能够反映整体情况的多元评价方式。在大学体育课程中融入思政元素，要始终以"立德树人"为根本任务，遵循体育教学和课程思政的基本规律，综合运用多种评价方式。例如，将形成性评价与总结性评价相结合，发展性评价与诊断性评价相结合，过程性评价与结果性评价相结合。通过这样的方式，可以全面监督体育课程思政建设的过程和质量，使大学体育课程思政的育人效果更加突出。

（三）可靠的评价标准

在构建大学体育课程思政建设质量评价机制时，确立评价标准是至关重要的一步。要使评价机制能够不断健全和完善，就必须制定一套科学合理的评价标准。

制定大学体育课程思政建设质量评价标准时，应遵循以下几个原则。

1. 以学生发展为本

在制定体育课程思政建设质量评价标准时，应以促进学生全面发展为核心。这不仅包括对学生学习成果的评估，还要关注学习过程本身，确保评价标准能够全面反映学生的知识掌握、能力发展和价值观形成等多个方面，从而确保体育课程思政教育的针对性和有效性。

2. 强调体育教师的主导作用

体育教师在体育课程思政教育中扮演着关键角色，他们的思政意识、教学能力和教学反思能力直接影响到体育思政教育的质量。因此，在制定体育课程思政建设质量评价标准时，应包含对体育教师思政教学能力的评估指标，以促使体育教师更加关注和重视体育课程思政建设的质量，自觉提升个人素质，发挥其在教育中的主导作用。

3. 动态调整评价标准

大学体育课程思政建设质量评价标准不应是固定不变的，而应根据实际情况进行适时调整。不同大学应根据自身特点和地方特色，制定既有普遍性又有特殊性的体育课程思政建设质量评价标准，构建具有特色的课程思政建设质量评价体系，以促进评价标准的持续改进和完善。

（四）及时的评价总结

大学体育课程思政建设应始终以"立德树人"为核心任务，确保建设的正确方向，突破体育课程与思政课程仅在表面上结合的局限，及时识别体育课程思政建设中的问题，并有针对性地解决这些问题。体育课程思政建设的质量评价和总结必须及时进行，这就需要将动态性评价和阶段性评价相结合。

1.动态性评价

动态性评价是指在体育课程思政教学过程中，持续观察学生情感、态度和价值观的变化，并在教学结束后评估学生的思想道德品质，以此来了解体育课程思政教学的效果。在动态性评价的最后阶段，需要对评价结果进行总结，为后续的建设工作提供参考和指导。

2.阶段性评价

阶段性评价是指在体育课程思政建设达到一定阶段时，对学生的学习成果、综合能力进行评估。在进行阶段性评价时，需要积累评价经验，深入分析存在的问题，并据此优化体育课程思政建设的阶段性成果，以全面提升课程思政建设的质量，实现"立德树人"的根本任务。

（五）精准的评价反馈

精准的评价反馈是实现有效监控、反馈和调节的关键，能够推动体育课程思政建设的顺利进行，并提升其整体质量。质量评测人员需要全面收集和整理相关的质量数据，深入分析和研究这些信息，并与学生综合素质的全面评测进行精准对接。

根据评价结果，及时反馈关键信息，识别存在的问题，并邀请相关专家和课程建设者共同进行研究和论证。通过集体讨论，形成针对性的对策，以进一步提升大学体育课程思政建设的质量。

二、大学体育课程思政建设质量评价路径

在大学体育课程思政建设质量评价中，要采取以下路径有序开展评价工作，提高评价水准，以真实反映建设成果和存在的问题（图5-3）。

```
                          ┌─ 组建评价团队
                          │
                          ├─ 规范评价程序
大学体育课程思政          │
建设质量评价路径 ─────────┼─ 丰富评价方法
                          │
                          ├─ 优化评价工具
                          │
                          └─ 总结评价经验
```

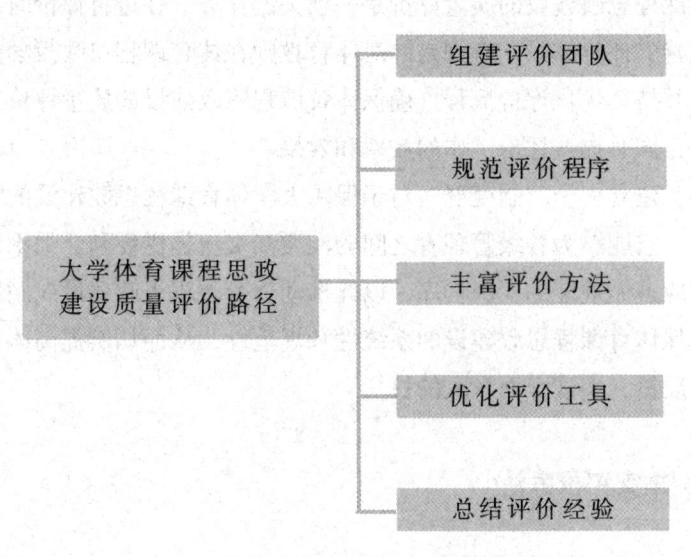

图5-3　大学体育课程思政建设质量评价路径

（一）组建评价团队

大学体育课程思政建设的质量评价工作，需要依赖一支既专业又有权威的优秀团队来执行。因此，在进行质量评价时，首要任务是组建一个既包括体育教师，也包括思政课专业教师，以及其他参与课程思政建设的学科教师的团队。通过不同背景教师之间的观念和方法互补，可以集思广益，发挥团队的整体优势，从而有效推进大学体育课程思政建设评价工作的顺利进行。

这支专业评价团队应该从全方位、多角度对大学体育课程思政建设的现状进行深入分析，并以评测报告的形式展示分析结果。评测报告需要真实准确地反映大学体育课程思政建设的实际情况，帮助体育课程思政建设者识别

存在的问题，并有针对性地采取措施加以解决，以提高课程思政建设的整体质量。

（二）规范评价程序

体育课程思政建设的质量评价是一项关键任务，在进行评价时，必须制定一套完善的评价体系，特别是针对体育教师在体育课程思政教学方面的评价体系，并持续优化评价流程，确保体育课程思政建设的质量评价工作能够有序进行，同时提升评价工作的效率和效果。

此外，建立一个"制度群"对于保障大学体育课程思政建设的顺利实施至关重要，它能够为各级管理者之间的沟通和交流提供便利。无论采取何种制度，都应遵循规范的实施程序，以此推动体育课程思政建设向制度化方向发展，确保体育课程思政建设的系统性和规范性，从而切实提高体育课程思政建设的质量，实现全面育人的目标。

（三）丰富评价方法

专注于提高大学体育课程思政建设的质量和体育课程思政教学活动的有效性，采用多样化的评价方法来不断优化评价流程。通过实施多元化和有效的评价，促进体育课程教学模式的创新，鼓励体育教师在体育教学的各个环节主动融入思政教育资源。

在确定具体的评价方法时，需要综合考虑思政教育要素、师生等主体要素、学校的办学特色和条件等实际情况。采用丰富多元的评价方法，有助于更顺利地开展体育课程思政建设质量的评价工作。

在大学体育课程思政教学中，通常会结合显性教学法和隐性教学法。因此，在课程思政建设质量评价中，同样可以采取显性和隐性相结合的评价方法。同时，在挑选评价方法时，还应紧密围绕"培养什么样的人、如何培养人、为谁培养人"这三个人才培养的核心问题，为体育课程思政建设与教学实施提供明确的方向。

（四）优化评价工具

对大学体育课程思政建设质量进行评价与检验，必须采用有效的评价工具。评价工具的有效性直接关系到评价工作的成效。评价体育课程思政建设质量时，应以现实依据为基础，因为现实依据是可靠和可信的。同样，开发和选择评价工具也必须以科学依据为支撑，这是确保评价科学有效性的理论基础。在优化评价工具时，应注意以下几点。

1.以体育课程思政目标为导向

开发和选择体育课程思政建设质量评价工具时，应从体育课程思政建设的目标、要求和重点内容出发，以培养学生的理想信念、爱国主义情感、集体主义精神等为核心，系统和综合地评价大学体育课程思政建设的质量。

2.平衡普遍性和特殊性

在开发评价工具时，要兼顾普遍性和特殊性。评价工具既要适用于大多数大学，也要能够满足一些特殊学校的评价需求。

3.体现阶段性和针对性

评价工具本身应具有阶段性特征。在体育课程思政建设的不同阶段，应采用不同的评价工具，以准确得出关于特定阶段体育课程思政建设情况的结论，了解实际情况，为进入下一阶段做好准备。

4.开发线上评价工具

随着信息技术的不断发展，信息化评价手段在高等教育中的应用越来越广泛。将信息化评价手段引入大学体育课程思政建设质量评价中，开发线上评价工具，并与线下评价相结合，构建"线上+线下"的质量评价平台，公开评价过程，共享评价结果，可以有效提升大学体育课程思政建设的质量。

（五）总结评价经验

在"立德树人"的视角下，理解大学体育课程思政建设的深远意义，需要通过深入分析和总结体育课程思政建设质量评价的结果来实现。学校应及时提炼和概括课程建设质量评价的结果，以便对体育课程思政建设中存在的问题有清晰的认识。

体育课程思政建设的质量受到多种因素的影响，包括有利因素和不利因素。在总结评价经验时，应及时识别并充分利用有利因素，同时摒弃不利因素，思考如何有效促进本校体育课程思政建设质量的持续提升。

在进行体育课程思政建设质量评价时，通过总结评价经验，能够触类旁通，准确把握影响建设质量的关键因素，如师生互动、学风建设等，并激发相关主体在课程建设中发挥其优势和价值的热情。这将为课程建设注入新的活力，使提升课程建设质量成为可能。

第五节 大学体育课程思政教学要素设计

大学体育课程思政教学要素包括教学目标、教学内容、教学方法、教学评价等内容。与体育教学设计不同的是，在设计体育课程思政教学过程中，要恰当地融入思政元素，既要保证符合学生的认知水平，又不能过多灌输，影响体育教学的正常进行。因此，在大学体育课程思政的设计需要科学地进行，把握好尺度与形式，要经受得住教学实践的检验。

一、大学体育课程思政教学目标的设计

（一）知识目标

知识目标主要集中在教授各项体育运动的起源、发展历程、项目特色及其锻炼价值等基础知识。现代体育主要是在工业革命之后逐渐发展起来的，随着国际文化交流的进行，体育运动发展出丰富的文化和社交内涵，里面蕴含着包括人文、历史、经济、哲学等内容。因此，体育教师在教学中，应积

极扩展教学内容,争取为学生提供多元文化视角,帮助他们培养出从不同角度理解世界万事万物的能力。

同时,在教学过程中,教师应根据实际情况,引导学生进行深入的思考,将具体的知识点拓展到对价值观和世界观的深入探讨。这种教学方式不仅能够提升学生对体育运动的认识,还能促进他们对更广泛社会和文化现象的理解和思考。

(二)能力目标

能力目标主要分为两个方面,首先是各项体育运动本身的技能,其次是由某一项体育项目延伸出的思政教育能力。因此,学生通常需要掌握以下技能:能够熟练掌握某项运动的基础动作;能够触类旁通,自主学习和发展更复杂的运动技术和技能;能够以较为专业的眼光欣赏体育运动;能够对不同类型的体育运动进行简单描述,并拥有自己喜欢的一至两项体育运动,且长期坚持训练。

在提升学生的思政能力方面,包括培养学生在面对体育运动中的困难和挑战时,保持积极乐观的奋斗精神;在遭遇挫折时,能够发现并吸取其中的正面价值;能够正确看待学习和生活中遇到的困难和逆境,树立起积极向上、勇于拼搏的人生态度和价值观念。

二、大学体育课程思政教学内容设计

(一)善用其他项目丰富教学内容

在教学内容方面,体育教师应不断更新和丰富课程内容,根据学生的实际需求增加课堂内容,引入丰富的元素,如结合不同的体育项目,拓展历史、文化、文学、哲学等知识,从而丰富学生的知识视野,激发他们对体育学习的兴趣。另外,还要广泛组织课外体育活动,以提升学生对体育运动的兴趣。同时，可以开展针对不同项目的专题讲座，如邀请该领域的运动员或者教练到学校举办讲座，拓宽学生的社会接触面，提升他们的学习能力。

（二）借助互联网拓展教学内容

在体育教学上，教师应该创新运用一些更加全面化的教学模式，培养学生参与、思考、探究、评价等各方面的意识，进而培养学生的全面发展能力。教师可以在课前课后给学生准备课堂中相关知识点的小视频，学生可在课前自我预习，课后自我复习，通过课上与课后的合理安排，能够有效提升学生的学习效率，还可以采用讨论、分组等方式，让所有学生都能参与其中，并且在团队中找到自己的位置，如讨论体育竞赛的运动技巧、相关的理论知识等。

总之，教师应该有意识在传统教学内容的基础上不断进行丰富，社会在发展，学生的需求也在不断变化，各学科教学内容也需随着时代的变化不断进行创新。

三、大学体育课程思政教学方法设计

（一）加强理论与实践相结合

在大学体育课程中，普遍存在重视实践操作而忽视理论教学的现象，教师往往只教授动作技能，而很少将理论知识融入教学中。然而，我们的目标不仅是让学生进行简单的身体活动，还要结合体育的理论知识，帮助学生更深入地理解和掌握实践课上的技术动作。

教学过程中，应将实践学习作为主体，理论阐述作为核心，使学生不仅知道如何做，还知道为何要这样做。教师通过言传身教，引导学生将理论知识应用于实践环节，通过实践来验证理论的正确性。这种"实践→理论→实践"的循环学习过程，能够更高效、科学地帮助学生掌握知识。实践是检验真理的唯一标准,这种方法还能培养学生追求真理、实事求是的学习态度。

(二)激励教学法

在教学实践中,很多教师将激励教学法应用于体育教学实践中。它不仅能够增强学生的自信心,还体现了以学生为中心的教育理念。激励教学法是一种效果显著的教学策略,它要求教师在体育教学过程中对学生的表现给予及时的正面反馈和鼓励,从而激发学生的学习动力,唤起学生面对挑战时的心理情感体验,如乐观和自信。

在教学过程中,教师使用激励性的语言不仅能帮助学生形成正确的体育行为,还能提高他们对体育课程的兴趣。此外,这种正面的交流方式还能加深师生之间的情感联系,营造出一个更加和谐轻松的学习环境。激励教学法是一种具有强烈时效性的教育方法,能够有效地促进学生的自信心和主动性。

(三)互联网+教学法

体育教师可以运用多媒体技术向学生展示体育锦标赛、全国大学生体育比赛以及校内体育比赛的视频,让学生亲身体验体育将力量与美感融为一体的独特魅力,并借助优秀选手的榜样力量来激发学生的学习动力。这种教学方法不仅能够使教学内容更加丰富和新颖,还能在潜移默化中提高学生的审美鉴赏能力。教师也可以根据当前的流行趋势适时调整教学内容,引入一些受欢迎的流行体育元素。

此外,教师可以鼓励学生在课外制作练习小视频,并进行简单的剪辑和配乐,然后将作品分享到班级群里。利用当前流行的短视频APP,教师可以鼓励学生自主观看学习,并在课堂上与同学们分享。教师也可以将学生上课的精彩片段录制成短视频,经过制作后上传到APP平台。

通过这些方式,学生可以在分享、讨论和互相学习的过程中共同进步。这不仅能够提升学生的学习热情,激发他们的学习兴趣,拓宽他们的视野,还能培养他们的自主学习能力。

四、大学体育课程思政教学评价设计

（一）评价主体

1.教学督导团队

学校可以指派领导干部组成教学督导团队，通过随堂听课或不定期抽查的方式，重点评估教师在体育"课程思政"教学方法的适宜性、适当性，以及实施效果的显著性，检查体育教师是否严格执行学校关于"课程思政"的相关政策和规定。

2.思想政治教师

由于思想政治教师对挖掘体育中的思想政治元素具有专业性，他们能够准确把握这些元素，并有效结合到体育课程中。将思想政治教师纳入评价体系，有助于确保体育"课程思政"的思政元素的准确性，并以更有效的教学方法传授给学生。

3.体育教师

体育教师应该彼此进行深入的了解，他们可以通过相互听课，基于个人教学经验提出建设性意见。这种做法不仅有助于被听课教师的成长和进步，也能提升听课教师自身的教学技能。

4.学生

作为课堂实践的主要参与者，学生经历了教学的每一个环节。教师应鼓励学生在课堂上及时反馈自己的感受和建议。这种来自学生的直接反馈对教师改进教学方法具有重要价值。

（二）评价标准

评价体育"课程思政"教学的质量是一个关键议题。一堂高质量的体育"课程思政"课应当从多个角度进行评估，并有明确的评估标准，以确保教学的正确性、专业性和思想政治教育的有效融合，从而保证课堂效果和教学质量。

第一，体育"课程思政"教学评价的首要标准是政治方向的正确性。大学生正处于价值观形成的关键阶段，辨别能力相对较弱，需要教师的正确引导。因此，体育教师需要具备正确的价值观和人生观，以便引导学生形成正确的政治观念。

第二，体育"课程思政"教学的一个重要评价标准是体育专业知识与思想政治教育元素是否实现了有机融合。优秀的体育课不仅仅是传授专业技能，也不能将体育课变成纯粹的思政课。关键在于体育教师是否具备培养学生品德的意识和能力。实现两者的融合需要体育教师关注日常生活中的点点滴滴，不断积累，形成自己的教学素材库，从而丰富教学实践。

第三，体育"课程思政"教学的另一个重要评价标准是其有效性。首先，体育"课程思政"教学应具有针对性，教师需要根据学生的特点，选择合适的与体育专业知识相关的思想政治素材，正确挖掘思政元素，引导学生在学习体育知识的同时接受思想教育，避免空洞的说教。其次，体育"课程思政"教学应紧跟时代步伐，教师作为学生价值观的引导者，必须与时俱进。将学生关注的时事热点、健身塑形等知识融入课堂，可以激发学生的积极性，引起共鸣，提高体育"课程思政"的教学效果。

（三）评价内容

大学体育课程思政教学评价内容涵盖多个维度，主要包括教育目标的契合性、学生全面发展的促进效果、规范性文件的制定与执行、思政资源的挖掘与运行机制、教学及学习效果的评估，以及实施保障的完善程度。其中，重点评价思政元素在教学中的融入情况，教师的思政素养与教学能力，以及学生的体能、心理素质、价值取向和社会适应性提升。此外，还关注体育设施、师资培训及校园体育文化建设等支持条件。简而言之，大学体育课程思政教学评价是一个全面而系统的过程，旨在持续优化思政教学效果，促进大学生综合素质的全面提升。

第六章 大学体育教育与思想政治教育融合的实践探索

大学体育教育内容非常丰富，在进行课程思政的探索过程中，不同体育项目的实践略有不同，因此须分别进行研究、设计和落实。本章将重点选择篮球、乒乓球、武术和健美操几个典型代表项目来具体分析。

第一节　大学篮球课程与思想政治教育的融合

一、大学篮球课程思政教育的目标

在设计大学篮球课程中融入思政教育的目标时，需结合篮球这项运动的特点、我国篮球运动在国际上的表现、后备人才培养情况、未来发展趋势等多个因素。

（一）加强社会主义核心价值观的教育

我国篮球运动近年来实力稳步提升，尤其在女子篮球方面，中国女篮在国际赛场上屡创佳绩，展现出强劲的竞争力。然而，男子篮球在奥运会等国际大赛中仍面临挑战，需进一步提升竞技水平。未来，我国篮球运动将保持强劲发展势头，市场规模持续扩大，数字化、科技化、多元化和国际化趋势加强。同时，篮球教学在我国具有广泛的普及度，篮球运动已经成为青少年课余体育锻炼的重要选择。因此，在具体的课程思政实践中，非常重视社会主义核心价值观的融入，引导青年学生建立坚定的价值观和世界观。

作为一项重要的集体运动项目，篮球课程中的思政教育特别注重对团队协作以及集体主义精神的生动诠释。教师可以通过讲解篮球历史中的经典战役、分析球员们的行为选择，引导学生认识到个人价值与社会价值的统一，从而树立起为国家、为社会贡献自己力量的远大理想。

（二）培养学生养成独立思考的能力

提高大学生的思想政治素质是篮球课程思政教育的核心任务之一。在篮球课堂上，教师通过组织观看国内外篮球赛事、分析比赛中的战术策略、讨论球员的职业道德等行为，引导学生学会进行批判性思考，并逐渐形成独立思考的能力，从而培养他们掌握正确的价值判断能力和道德观念。同时，教师会结合时事热点，如运动员的爱国情怀、参与社会公益活动等，激发学生的爱国情感和社会责任感，使其在篮球运动的熏陶下，成长为有思想、有道德、有担当的新时代青年。

（三）激发学生强烈的社会责任感

培养大学生的社会责任感是篮球课程思政教育的又一重要目标。在篮球比赛中，每一个球员都是团队不可或缺的一部分，他们的每一次传球、每一次防守都直接关系到团队的胜负。这种紧密的合作关系不仅锻炼了学生的团队协作能力，还让他们深刻体会到个人行为对集体荣誉的影响。更让他们切身体会到，个人的努力不仅关系自身的发展，甚至决定着其所在的团队的胜败荣辱，这会激发学生强烈的责任感。因此，在篮球课程思政教育中，教师非常注重培养学生的集体荣誉感和社会责任感，让他们明白个人的成长与社会的进步是密不可分的，个人的努力看似渺小，但是如果每个人都全力以赴的话，对集体而言将产生截然不同的效果，带来难以想象的结果。因此，学生会自发自觉地以集体为重，主动努力奋进，为集体的荣誉而战。

（四）激发学生对篮球思政的学习兴趣

教师应注重教学方法的创新与运用，采用案例分析、小组讨论、角色扮演等互动式教学模式，激发学生对思政内容的学习兴趣和参与度，提高思政教育的针对性和实效性。例如，可以增设篮球文化讲座、邀请知名运动员进行分享交流、组织学生参与篮球公益活动等形式多样的教学活动，让学生在实践中感受篮球运动的魅力与思政教育的力量。

总之，大学篮球课程中的思政教育是一项具有重要意义的工作。它不仅有助于培养学生的社会主义核心价值观和思想政治素质，还能有效提升学生的社会责任感。在未来的教学实践中，还应继续探索和完善篮球课程思政教育的路径与方法，为培养德智体美劳全面发展的社会主义建设者和接班人贡献力量。

二、大学篮球课程思政教育的内容

（一）从培养学生的耐力和决心开始

在篮球教学中，如果深入挖掘和探索的话，会发现在许多教学环节中都可以融入思政教育，特别是有关技战术教学。篮球的技战术非常复杂，且难度较大，需要学生投入长时间的努力才能够逐渐掌握。这一过程也是训练学生的耐性和自律能力的时机。因此，在教学过程中，教师应根据学生表现，及时给予鼓励，引导他们持之以恒地训练，无论遇到什么样的困难，都要下定决心，坚定地朝着目标努力。在教学过程中，教师可以穿插一些篮球明星的励志故事，如迈克尔·乔丹曾说"我可以接受失败，但我不能接受未奋斗过的自己"，以此激发学生的拼搏精神和进取心。同时，通过展示国内外篮球赛事的精彩瞬间，让学生感受到篮球运动的魅力，培养他们的兴趣爱好和终身体育意识。

（二）通过技术训练培养抗压能力

技能训练是篮球课的核心内容之一，也是思政教育的重要载体。在训练过程中，教师尤其注重培养学生的抗压能力。因为要想掌握篮球运动中的每一个技术，必须要经过千锤百炼，学生可能会经历不断碰壁、不断克服的过程。这一过程中，学生难免会遭遇许多压力。教师应根据不同学生的具体情况，给予不同的训练指导，让他们都能在自己的能力范围内得到进步，这样才不会伤害他们的自信心，同时也可以提升他们的抗压能力。比如，当学生面对失败和挫折时，教师会引导他们保持积极心态，相信自己，只要采用科学的训练方法，假以时日，一定能练就高超的篮球技能。总之，篮球的技能训练过程，是培养学生坚韧不拔和永不言败的最好时机。

（三）培养良好的规范意识和习惯

篮球比赛不仅是一场竞技比赛，也是一场道德品质的较量。教师在组织篮球比赛时，将道德规范教育贯穿于整个教学过程之中。首先，要求学生遵守比赛规则，尊重裁判判决，树立良好的体育道德风尚。其次，要引导学生学会尊重对手、尊重队友、尊重观众，培养他们礼貌待人、友善相处的品质。最后，还要加强对学生的诚信教育，让他们明白在比赛中弄虚作假、欺骗裁判是可耻的行为，只有凭借真才实学才能赢得别人的尊重和认可。通过这些道德规范的教育和引导，可以帮助学生塑造出良好的品格和道德风貌。

（四）拓宽学生的视野，增强其责任感

社会实践是篮球课思政教育的重要延伸和拓展。学校可以组织学生参加各种篮球比赛、交流活动以及志愿服务等社会实践活动。通过参与这些活动，学生可以更好地了解社会、认识自我、提升能力。在比赛中，学生可以感受到团队合作的力量和成功的喜悦；在交流活动中，学生可以拓宽视野、增长见识、结交新朋友；在志愿服务中，学生可以培养自己的社会责任感和奉献精神。这些社会实践活动的经历不仅可以让学生更加深入地理解社会主义核心价值观的内涵和意义，还可以让他们在实践中不断锤炼自己的意志品质和能力素质。

三、大学篮球课程思政教育的方法

（一）理论教学：奠定坚实的思想基础

理论教学是思政教育的基础环节，它要求教师在教授篮球技能之前，就为学生系统阐述篮球运动背后的文化内涵、精神价值以及它与社会主义核心价值观的紧密联系。可以引用国内外著名篮球运动员的励志故事，如姚明的

坚韧不拔、勒布朗·詹姆斯的社会责任感等精神，通过这些鲜活的例子，激发学生对篮球运动的热爱，同时深刻理解其背后的思想精髓。此外，教师还可以结合时事热点，分析篮球运动在国际交流、文化融合中的积极作用，引导学生树立正确的世界观、人生观和价值观。

（二）实践教学：在实战中磨砺品德

实践教学是篮球课思政教育的核心环节。在篮球场上，每一次传球、每一次防守、每一次进攻，都是对学生团队协作能力、责任意识、竞争意识和规则意识的考验。教师可以通过比赛评比法，设计不同难度和主题的篮球赛事，让学生在比赛中亲身体验团队协作的力量，学会在竞争中尊重对手、遵守规则、勇于担当。同时，教师还应密切关注学生在比赛中的表现，及时给予指导和反馈，将思政教育的理念融入每一个技术动作、每一次战术布置之中，让学生在实践中感悟、在感悟中成长。

（三）情境教学：营造浓厚的思政氛围

情境教学是一种寓教于景的教学方法，它能够有效地激发学生的情感共鸣，提高思政教育的针对性和实效性。在篮球课中，教师可以根据教学内容和学生特点，创设多种情境，如模拟国际比赛、残疾人篮球赛等，让学生在特定的情境中感受篮球运动的魅力，同时受到深刻的思政教育。例如，在模拟国际比赛的情境中，教师可以引导学生思考国家荣誉、国际友谊等问题，培养学生的爱国情感和民族自豪感；在残疾人篮球赛的情境中，则可以让学生体会到生命的不屈和奋斗的精神，学会关爱他人、尊重差异。

（四）游戏教学：寓教于乐，激发兴趣

游戏教学是一种轻松愉快的教学方式，它能够有效地激发学生的学习兴趣和参与度。在篮球课中，教师可以设计一系列与思政教育相关的游戏环节，如"团队合作接力赛""规则知识抢答"等，让学生在游戏中学习、在

游戏中成长。这些游戏不仅能够锻炼学生的身体素质和篮球技能，还能够让学生在轻松愉快的氛围中接受思政教育的熏陶和洗礼。

（五）案例教学：深入剖析，启发思考

案例教学是一种以学生为中心的教学方法，它通过具体的案例分析和讨论，引导学生深入思考、自主学习。在篮球课思政教育中，教师可以选取一些具有代表性的案例，如"中国女篮的拼搏精神""篮球场上的'假摔'事件"等，组织学生进行深入的剖析和讨论。通过这些案例的学习，学生可以更加直观地感受到篮球运动中的精神力量和价值追求，同时也能够提高自己的思辨能力和问题解决能力。

四、大学篮球课程思政教育的评价

大学篮球课程思政评价体系的构建是一项系统工程，它要求我们将思政元素与篮球技术、战术教学有机融合，形成一个全面的教育模式。

（一）平时表现

平时表现是对学生课堂表现、学习态度和参与度的反映。通过观察学生在课堂上的互动、投入程度和篮球技能的掌握情况，教师可以评估学生的学习态度和进步程度。这种评价不仅关注学生的篮球技战术掌握情况、学习的方式方法，还要考查学生在课程中表现的心理品质和意志品质。因为篮球学习较为复杂，具有许多挑战，如果学生意志薄弱或者不愿吃苦，那么很难获得较好的成绩，因此，掌握篮球这项运动，还需要学生具备顽强的意志，坚持不懈的决心，而这些将是篮球课程思政教育评价的考查重点。

（二）学习态度

学习态度是评价学生是否具有积极向上、认真刻苦学习精神的重要指标。教师可以通过观察学生的学习积极性、练习时的投入程度、课后的训练情况、对技能学习的渴望和努力程度等来评价。

有时候，学习态度比天资更加重要。例如，迈克尔·乔丹相对于其他NBA球星，他的身高不占优势，然而却被誉为篮球之王，创造出无数的神话，在篮球史上留下辉煌的记忆。还有已故篮球明星科比，他们都以勤奋著称，正是这样坚韧的态度，成就了许多篮球神话。因此，在大学的篮球课程思政教学评价中，对学生学习态度的评价非常重要。

（三）身体素质

篮球运动对身体素质有较高要求，因此，身体素质考核是评价学生体质和运动能力的重要内容。通过测试学生的速度、力量、耐力、柔韧性和协调性等身体素质指标，可以全面了解学生的身体素质状况。学生身体素质的状况，从侧面反映着他们的饮食习惯和生活起居情况，那些身体素质优秀的学生，一定保持着健康的生活习惯，并且坚持体能训练。而这些良好的品质，反映了学生的自律、毅力、明确的目标感，以及不被诱惑轻易影响的优秀品质。

（四）课外体育锻炼

课外体育锻炼是提高学生体质和健康水平的重要途径。通过鼓励学生参与课外体育锻炼，可以培养学生的自主锻炼习惯和终身体育意识。课外体育锻炼的考核可以包括学生参与锻炼的频率、持续时间、锻炼强度等方面。那些长期坚持体育锻炼的学生，具有清晰的目标感、强大的执行力和不轻易言败的强大信念。因此，学生课外体育的锻炼情况，也可以作为心理素质和思政素质评价的依据。

（五）运动竞赛

运动竞赛是检验学生篮球技能和团队合作能力的重要平台。通过组织篮球比赛，可以让学生在实战中锻炼技能、体验竞技体育的魅力，并培养团队精神和竞争意识。竞赛考核可以包括学生在比赛中的表现、团队合作、战术执行、比赛成绩等方面。

通过这五个方面的综合考核，大学篮球课程思政评价体系能够全面评价学生的篮球技能、学习态度、身体素质和团队精神，为培养德智体美劳全面发展的社会主义建设者和接班人提供有力支持。

第二节 大学乒乓球课程与思想政治教育的融合

一、大学乒乓球课程思政教育的目标

（一）正确运用政治引导作用，增强政治认同感

当前，社会发展快速，尤其是我国从经济的高速发展期逐渐进入平缓发展期的转折点，青年学生是否保持民族自信，是否怀有积极为国家的持续发展作出贡献的决心显得尤为重要。特别是近年来在年轻人群体中不时喊出"躺平"的消极生活观，尽管这也许是一种打趣的说法，但是长久来看，加强对青年学生的政治认同感显得非常重要。

2020年，教育部印发《高等学校课程思政建设指导纲要》，其中提出了将习近平新时代中国特色社会主义思想融入教材、课堂和学生思想中的任务，以增强学生对党的思想政治理论的认同。在这样的背景下，乒乓球作为我国的"国球"，在大学的体育课程思政教育中，自然要承担起重要责任。

大学乒乓球课程思政教学的实践，需要围绕政治认同、家国情怀、文化修养、道德修养等重点来展开。

将课程思政有机融入乒乓球教学中，发挥以习近平新时代中国特色社会主义思想为核心的思想政治教育作用，可以增强学生对党的思想政治理论的认同，润物细无声地将习近平新时代中国特色社会主义思想融入大学生的潜意识中，为其今后的发展打下坚实基础。通过相应的教学，可以引导学生自觉弘扬和践行社会主义核心价值观，不断坚定"四个自信"，培养他们成为德智体美劳全面发展的社会主义建设者和接班人。

（二）充分发挥思想引领作用，树立正确价值观

乒乓球课程作为一门实践类课程，其目的是让学生掌握一门运动技能，增强其身体素质。在课程思政的过程中，乒乓球教学除了对学生进行系统的身体和技术训练，还要引导他们树立正确的价值观，坚定民族荣誉感，并且努力为中华民族的伟大复兴贡献力量。以下是具体的教学目标。

（1）技能掌握。乒乓球课程注重基本技术的传授，如正手攻球、反手推挡、发球、接发球等。通过反复练习，学生能够熟练掌握这些技术，并在实战中灵活运用。

（2）身体素质提升。乒乓球运动要求学生具备敏捷的反应能力、协调的动作和良好的耐力。通过一个学期甚至数个学期的乒乓球选修课，学生能够发展一般体能和专项体能，有效提升身体素质。

（3）理论知识学习。除了实践技能的培养，乒乓球课程还包括乒乓球理论知识的学习，如比赛规则、战术理论等。这有助于学生更全面地理解乒乓球运动，提升对乒乓球项目的认知能力。

（4）思维能力培养。乒乓球运动不仅是一项体力活动，也是一种思维活动。学生在学习过程中需要不断思考如何提高技术、如何制定战术，这有助于培养他们的思维能力和解决问题的能力。

（5）团队合作精神。在乒乓球双打等项目中，学生需要与队友密切配合，这有助于培养他们的团队合作精神和沟通协调能力。

（6）竞技精神培养。乒乓球课程鼓励学生参加比赛，通过竞赛活动，学

生能够体验竞技体育的魅力,培养公平竞争、尊重对手的竞技精神。

(7)终身体育意识。通过乒乓球课程的学习,学生能够体会到运动的乐趣,形成终身参与体育锻炼的意识,这对于他们的身体健康和生活质量有着积极的影响。

(8)文化素养提升。乒乓球作为中国的"国球",有着丰富的文化内涵。学生在学习乒乓球的过程中,也能够了解到相关的文化背景,提升自己的文化素养,并加强其民族情感。

(9)心理健康促进。乒乓球运动有助于缓解学生的学习压力,提高他们的心理健康水平。通过运动,学生可以释放压力,保持积极的心态。

(10)社交能力增强。乒乓球运动为学生提供了一个社交平台,他们可以在这里结识新朋友,增进彼此之间的了解和友谊。

二、大学乒乓球课程思政教育的内容

(一)融入中国特色社会主义核心价值观

乒乓球课程思政建设是一项全面而深入的工作,它要求我们在教学过程中围绕政治认同、家国情怀、文化修养、道德修养等核心要素进行内容的优化和实施。在这一过程中,中国特色社会主义核心价值观的培育是最为关键的一环。

第一,政治认同是乒乓球课程思政建设的基石。通过学习乒乓球运动发展的历史,特别是我国乒乓球运动的辉煌历程,教师可以帮助学生建立起对国家和社会发展道路的认同感。例如,通过介绍中国乒乓球队在国际赛事中取得的成就,以及乒乓球如何成为中国"国球"的历史背景,可以激发学生的爱国情感和民族自豪感。

第二,家国情怀是乒乓球课程思政建设的重要内容。教师可以通过讲述乒乓球运动员的奋斗故事,如容国团、刘国梁、邓亚萍等人的事迹,来引导学生理解个人命运与国家命运的紧密联系。这些故事不仅能够传递积极向上的正能量，还能够培养学生的集体荣誉感和责任感。

第三，文化修养方面，教师可以通过探讨乒乓球运动在中国的发展历程，以及它如何成为中国文化的一部分，来增强学生对中华文化的了解和认同。乒乓球运动不仅是一项体育运动，它还承载着丰富的文化内涵和历史意义，这些都是课程思政建设中不可或缺的元素。

第四，道德修养是乒乓球课程思政建设的核心目标之一。通过乒乓球课程，教师可以引导学生形成诚实守信、公平竞争的道德观念。在技术训练中，教师可以强调运动员的体育精神和职业道德，如在比赛中尊重对手、遵守规则等，这些都是培养学生良好道德品质的重要途径。

（二）学习乒乓球运动的发展历史

坚定历史自信，把握历史主动，对于每一位中华儿女来说，都是至关重要的。学习乒乓球运动发展历史，尤其是我国乒乓球运动的辉煌历程，是教师传授的重点内容，也是学生必须了解学习的重要内容。教师可以通过向学生介绍世界乒乓球运动打法演进过程的五个阶段，即削球打法主导时期、中远台单面长抽打法主导时期、近台快攻打法主导时期、近台快攻打法与弧圈打法竞争时期、弧圈球打法主导时期，来引导和激发学生的创新意识。引入我国乒乓球运动发展的历史，让学生感受到中国乒乓球队奋勇拼搏、不断创新的意志品质，激发学生胸怀祖国、为国争光的爱国精神。

中国乒乓球队自成立以来，在国际赛场上取得了骄人的成绩，成为国人的骄傲。从1959年容国团获得中国第一个世界冠军开始，中国乒乓球队便开启了一段传奇的历程。在1961年北京承办的第26届世乒赛中，中国男团首次夺得了团体冠军，邱钟惠成为新中国首位女子世界冠军，这些成就极大地鼓舞了中国人民的士气。

教师在教学过程中，不仅要让学生了解这些历史事件，还应该引导学生深入思考和体会这些成就背后的精神内涵。通过讨论、观看历史比赛视频、邀请乒乓球冠军进行交流等方式，让学生更加直观地感受到国乒精神的力量。

此外，教师还可以结合"乒乓外交"的历史事件，向学生讲述乒乓球如何成为中国与世界各国传递友谊的桥梁，推动新中国外交踏上新的台阶。通过这些教学活动，学生不仅可以学习到乒乓球的技术和发展历史，更重要的是能够从中汲取精神力量，培养出积极向上、勇于创新的精神品质。

（三）掌握乒乓球运动的基本动作

乒乓球课程的实践性质意味着学生需要通过亲身参与和反复练习来掌握技术动作。在这个过程中，教师的角色不仅仅是传授技能，更重要的是通过科学合理的训练计划，磨炼学生的意志品质，培养学生吃苦耐劳的精神。

在技术动作的学习中，教师可以设计一系列的练习，如正手攻球、反手推挡、左推右攻等，每个动作都从基础开始，逐步增加难度。以正手攻球为例，教师可以先让学生进行原地徒手练习，以20次为1组，完成5组，这样的练习有助于学生熟悉动作要领和节奏。随后，在上台实际练习时，教师可以将发球个数逐步递增，如从每组10个球开始，逐渐增加到20个、30个，以此来提高学生的反应速度和击球准确性。

通过这样的训练，学生不仅能够掌握技术动作，还能够在不断的挑战中形成精益求精的工匠精神。这种精神鼓励学生追求技术上的完美，不断优化自己的动作，提高自己的技能水平。

在进行左推右攻的练习时，教师可能会发现部分学生因为协调性不佳而感到困难，甚至产生畏难情绪。面对这样的情况，教师需要通过适时的鼓励和帮助，激发学生的内在动力，培养他们坚韧不拔、勇于面对困难的精神品质。教师可以通过一对一的指导，帮助学生分析问题所在，提供针对性的建议和解决方案，帮助他们克服困难，增强自信。

此外，教师还可以组织学生观看高水平的乒乓球比赛，让他们了解和学习专业运动员的技战术和比赛态度。通过观摩，学生可以更加直观地感受到乒乓球运动的魅力，以及运动员们顽强拼搏、永不言弃的精神。

在教学过程中，教师还可以引入小组合作学习的方式，让学生在小组内相互学习、相互帮助。在小组合作中，学生可以学会沟通、协作，共同解决问题，这样的经历对于培养学生的团队精神和社会适应能力都是非常有益的。

总之，乒乓球课程不仅仅是一门技术学习课程，更是一门培养意志品质和精神风貌的课程。通过合理的训练安排和教学方法，教师可以帮助学生在掌握技能的同时，培养出坚韧不拔、勇于挑战、精益求精的精神品质。

三、大学乒乓球课程思政教育的方法

（一）在实践中培养学生的道德品质

实践操作法是乒乓球教学中一种重要的教学方法，它通过让学生参与实际的乒乓球训练和比赛活动，使学生在实践中学习和感知乒乓球所体现的精神品质和价值观。这种方法不仅能够提高学生的技能水平，还能培养他们的体育精神和道德品质。

在技术训练方面，学生可以通过反复练习，逐步掌握乒乓球的基本动作，如准备姿势、正手攻球、反手推挡、发球和接发球等。这些基本动作是乒乓球运动的基础，通过系统的训练，学生能够不断提高自己的技术水平。

为了增强训练的实效性，教师可以适当增加训练的难度和负荷，如通过限时训练、多球训练等方式来培养学生坚持不懈、勇于挑战的意志品质。这样的训练能够帮助学生在面对困难和挑战时，保持积极的态度和坚定的意志。

（二）以实战激发学生的胜负观和荣誉感

在组织乒乓球比赛时，教师可以组织学生进行升降赛、对抗赛、双打比赛等多种形式的比赛活动，让学生在实战中感受比赛的紧张和压力，学会在比赛中调整心态，发挥自己的最佳水平。通过比赛，学生可以体会到团队合作的重要性，学会与队友沟通和协作，共同争取比赛的胜利。

在比赛过程中，教师需要强调公平竞争、诚实守信的重要性，鼓励学生遵守比赛规则，尊重对手，正确对待比赛的胜负。教师可以通过讲解比赛规则、进行赛前动员、赛后总结等方式，引导学生树立正确的竞争观和胜负观。

此外，教师还可以利用比赛的机会，教育学生如何在竞争中保持体育精神，如何在失败中吸取教训，如何在胜利中保持谦逊。通过这些实践活动，学生不仅能够提高自己的乒乓球技能，还能够培养出积极向上、坚韧不拔、团结协作的精神品质。

四、大学乒乓球课程思政教育的评价

（一）爱国主义

对于每一位中华儿女而言，爱国是天经地义的义务，也是不可推卸的责任，它是心灵的归宿，情感的归宿。在乒乓球课程中融入思政教育，爱国主义精神是其核心内容。学生在完成乒乓球思政课程学习之后，对其进行爱国主义方面的考核是极为必要的。教师可以通过考察学生对中国乒乓球的发展历程和取得的辉煌成就的理解来进行客观评价，同时也可以设计一些主观题目来评估学生对我国乒乓球运动的认同感以及对国家体育事业的热爱程度，进而对乒乓球课程思政中的爱国主义精神进行量化评估。

在这一过程中，教师可以利用中国乒乓球队在世界三大赛（奥运会、世界杯、世乒赛）上斩获许多金牌，以及历代乒乓球运动员的感人故事和精神风貌，作为教育的生动教材。例如，马龙在2019年布达佩斯世乒赛上实现男单三连冠时喊出的振奋人心的"我是中国制造"的豪言壮语，正是国乒精神的生动体现。

此外，教师还可以组织学生参观乒乓球训练基地，如河北正定国家乒乓球训练基地，让学生们亲身体验和学习乒乓球文化，了解乒乓球运动员的训练和生活，从而更加深刻地理解和感受爱国主义精神。

通过这些丰富多彩的教学活动，不仅可以提高学生对乒乓球运动的兴趣和技能，更重要的是，可以培养学生的爱国情怀，激发他们的民族自豪感和责任感，为实现中华民族伟大复兴的中国梦贡献力量。

（二）合作意识

乒乓球双打训练过程中，攻防对抗的协作是不可或缺的，只有双方紧密配合，才能实现有效的互练。在单打比赛中，乒乓球看似是一项个人运动，但在团体赛和双打赛中，团队合作的重要性不言而喻。因此，培养合作精神是乒乓球课程思政教育的关键一环。教师可以通过个人评价，也可以采用同伴评价的方法，来对学生们的合作精神进行评估。

（三）道德品质

在乒乓球课程思政教育中，道德品质的培养占据着举足轻重的地位。教师肩负着评估学生在课程学习中所展现的道德风貌的重任。

1. 顽强拼搏的品质

教师可以通过观察学生在训练过程中的表现，如他们是否能够在面对高强度训练时坚持不懈，是否在体育游戏和比赛中展现出不屈不挠、勇往直前的精神。这些表现能够体现学生是否具备了在逆境中奋斗到底的品质。

2. 不懈奋斗的品质

教师还应关注学生在课堂教学和日常训练中的态度和行为。例如，学生是否能够认真对待每一次练习，不偷懒、不耍滑，是否在面对技术难题或身体疲劳时能够坚持到底，不轻言放弃。这些行为能够反映学生是否具备了面对困难时的坚持和毅力。

3. 诚实守信的品质

在乒乓球运动中，诚实守信同样重要。教师可以通过观察学生是否遵守比赛规则，是否在训练和比赛中诚实报告成绩，是否在团队合作中保持诚信，来评估学生的诚信水平。

4.团队合作的品质

乒乓球虽然是个人项目,但在团体赛和双打赛中,团队合作至关重要。教师可以通过观察学生在团队中的互动,是否能够与队友有效沟通,是否能够为了团队的胜利而牺牲个人利益,来评价学生的团队精神。

5.尊重对手和裁判的品质

在体育比赛中,尊重对手和裁判是体育精神的体现。教师可以通过观察学生在比赛中是否能够尊重对手,是否能够接受裁判的判决,来评价学生是否具备了良好的体育道德。

(四)技术考评

在乒乓球课程的考核体系中,技术考评无疑占据了举足轻重的地位,它不仅是对学生技术能力的直接检验,还是衡量教学质量与学生学习成效的重要标尺。技术考评细致入微地划分为技术测试与教学测试两大板块,两者相辅相成,共同勾勒出学生在乒乓球技艺与理论素养上的全面发展图景。

技术测试作为技术考评的核心环节,涵盖了乒乓球运动中的多个关键技术动作,包括但不限于正手攻球、反手推挡、左推右攻、正反手发球以及实战测试。每一项测试都如同一面镜子,清晰映照出学生在技术掌握上的优劣与长短。

1.正手攻球

作为乒乓球运动中最基础也是最重要的技术之一,正手攻球的测试不仅考查学生的击球力量、速度与旋转控制,还注重击球时身体的协调性与节奏感。一个优秀的正手攻球,往往伴随着流畅的步法移动、精准的击球点判断以及恰到好处的发力时机。

2.反手推挡

与正手攻球形成鲜明对比,反手推挡更侧重于防守与过渡。测试中,学生需要展现出稳定的控制力,确保回球既不过高也不过低,同时保持一定的速度和落点变化,以扰乱对手的进攻节奏。

3.左推右攻

这是一项集防守与进攻于一体的综合性技术,要求学生在快速转换重心与拍面的同时，保持对球路的准确预判与灵活应对。测试中，学生需通过连续的左推右攻组合，展现其全面的技术实力与战术素养。

4.正反手发球

发球是乒乓球比赛中的第一环节，也是直接影响比赛走向的关键因素之一。测试中，学生需掌握正反手发球方式，并能在不同情境下灵活运用，以达到出其不意、攻其不备的效果。

5.实战测试

作为技术测试的高潮部分，实战测试将学生的技术能力与战术意识置于真实比赛环境中进行检验。在紧张激烈的对抗中，学生需根据对手的技战术特点及时调整自己的打法策略，力求在比分上占据优势。这一环节不仅考验学生的技术水平，更考验其心理素质与应变能力。

第三节 大学武术课程与思想政治教育的融合

武术课程在普通大学体育课程中扮演着重要的角色，其使命是立德树人。为了满足学生成长和发展的需要以及发挥其独特的育人价值，我们应该从实现立德树人的根本任务方面审视武术课程思政教学改革的重要意义。对于武术课程思政教学实践而言，关键环节是挖掘课程自身所承载的思政元素。这些元素需要与思想政治教育目标、课程内容、教学环节以及武术项目特点相结合，进行充分的挖掘。通过挖掘思政元素的方法，可以发现武术课程中包含了许多思政元素，如自强不息、爱国精神、意志品质、团结协作精神、人际交往能力、规则意识、抗挫折能力、民族精神和尚武崇德的仁义精神等。要使武术思政元素无缝地融入武术教学过程中，必须加强课程思政目标、改进课程教学设计、创新课堂教学方法、完善考核评价方式，实施跨学科主题学习，实现课程协同育人，从而达到潜移默化的育人效果。

一、大学武术课程思政教育的目标

（一）弘扬传统民族体育文化

研究大学武术课程思政的教学目标，必然绕不开武术所具有的丰富民族文化内涵，因此不得不深入剖析其多维度、全方位的教育意义。中国武术在世界具有盛名，并且很多国际友人对中华武术怀有极高的热情，甚至每年都能够吸引各个国家的武术爱好者前往我国的著名武术圣地，进行参观和学习。可以说，中华武术成为一面代表中国传统体育文化的鲜明的旗帜。在大学的武术课程思政教学中，弘扬传统民族体育文化将是其中最重要的目标之一。同时，将思政目标明确纳入课程设计之中，这不仅是教育理念的深刻体现，同时也是每一位武术教师的职责所在。

武术教师首先需要将教学目标转化为具体行动的关键环节。在这一过程中，教师应根据学生的学习情况与反馈，及时调整教学计划，确保教学目标的顺利实现。其次，注重课程的连贯性与系统性，使各个环节相互衔接，形成一个有机整体。最后，还应关注学生的个体差异与需求，提供个性化的教学指导与帮助，促进每个学生的全面发展。

（二）提升民族荣誉感和自信心

将思政目标融入武术课程之中，除了具有提升教育质量、培养青年学生的民族体育素养之外，还有一个重要目标是，增强学生群体的民族荣誉感和凝聚力。这要求教师在教学过程中，不仅要传授武术技能与知识，还要注重对学生文化自信的培养。通过武术文化的熏陶与道德教育的渗透，引导学生树立正确的世界观、人生观和价值观，培养他们成为具有高尚品德、深厚文化底蕴与强健体魄的优秀人才。例如，在武术教学中强调"尊师重道""礼让为先"的传统美德，通过具体的训练与比赛场景，让学生深刻理解并践行这些道德准则。

大学武术课程的教学目标是一个多维度、全方位的概念体系。它要求大学武术教师具有较高的思政素养，能够根据学生的具体情况，灵活选择教学内容，采用最恰当的教学方法进行教学，且始终围绕既定的教学目标进行不懈追求。同时，将思政目标明确纳入课程设计之中，以实现对学生知识、认知、技能、情感、价值观和体能的全方位培养。这一过程需要教育者具备深入的理解与全面的规划能力，以确保教育效果的最大化。

二、大学武术课程思政教育的内容

（一）武术基本功可以培养意志品质

武术这一承载着深厚文化底蕴与悠久历史的传统体育项目，自古以来便是中华民族智慧的结晶与体魄的展现。在当今这个日新月异的时代，武术的教学内容选择不仅应当坚守其精髓与独特魅力，还需与时俱进，巧妙融合现代教育理念，使之焕发新的生机与活力。

武术的基本功，如传统拳法、套路的教授，是武术教学的基石。这些基本功不仅是技艺的锤炼，也是对武者意志品质与身体素质的全面考验。在保留这些经典内容的基础上，我们应更加注重动作的精准与力量的运用，通过科学的训练方法，让学生在反复练习中体会武术的奥妙与乐趣。

（二）武术精神蕴含着丰富的哲学思想

武术的魅力远不止于此。它更是一部活生生的历史长卷，蕴含着丰富的文化知识与哲学思想。因此，在武术教学过程中，我们还应深入挖掘并引入武术文化、历史背景、哲学思想等相关知识，让学生在学习武术动作的同时，能够穿越时空的隧道，感受武术的博大精深。例如，当我们讲述太极拳这一武术瑰宝时，可以详细阐述其起源与发展历程，从张三丰的创拳传说到陈式太极拳的发扬光大，再到太极拳在现代社会中的广泛应用与影响。同时，还可以引导学生深入体会太极拳中蕴含的"以柔克刚""四两拨千斤"

的哲学思想，让他们明白在面对困难与挑战时，应如何运用智慧与策略去化解矛盾、战胜对手。这种教学方式不仅能够提升学生的武术技艺水平，更能够培养他们的思维灵活性与策略意识，为他们未来的成长与发展奠定坚实的基础。

（三）武术文化能够提升学生的道德水平

为了让学生更加深入地了解武术文化并产生浓厚的兴趣与热爱之情，还可以在教学过程中引入一些生动有趣的例子与故事。比如，讲述古代武林高手的传奇故事、介绍武术在电影、文学等艺术领域中的表现形式，以及分享一些真实的武术比赛与交流活动等。这些素材不仅能够吸引学生的注意力并激发他们的学习热情，还能够让他们更加直观地感受到武术所承载的文化价值与民族精神。

总之，武术教学应当是一个全面而系统的过程。它既要注重技术动作的传授与训练，又要关注文化知识的普及与熏陶；既要坚守传统精髓，又要勇于开拓创新；既要培养学生的身体素质与意志品质，又要提升他们的思维能力与人文素养。只有这样我们才能真正将武术所创造的宝贵财富传承下去并发扬光大。

三、大学武术课程思政教育的方法

在追求卓越教学成效的征途中，教师们肩负着探索与实践现代教学方法的重任，其中，启发式、探究式、讨论式、案例分析式以及创新式等教学策略，犹如璀璨星辰，为武术教学的星空增添了无限光彩。这些方法不仅照亮了学生学习武术技能的道路，更在潜移默化中引领他们深入探索武术文化的博大精深与道德价值的崇高境界。

（一）启发式教学

启发式教学法如同一把钥匙，轻轻开启了学生思维的闸门。通过精心设计的问题情境，教师引导学生主动思考，自主探索武术动作的奥秘。例如，在讲解太极拳的"以柔克刚"理念时，教师可以先展示一段高手对决的视频，让学生观察并分析其中蕴含的武学智慧。随后，通过小组讨论的形式，鼓励学生发表见解，共同探索这一理念的深层含义。这种教学方式不仅激发了学生的学习动力，还培养了他们的批判性思维和创新能力。

（二）探究式教学

探究式教学法则鼓励学生像科学家一样，亲自去实践、去发现。在武术教学中，教师可以设定一系列研究任务，如"探索不同武术流派的起源与特点""分析武术动作背后的生理学原理"等。学生需要在课外搜集资料、进行实地调研，并在课堂上分享自己的研究成果。这种教学方式不仅拓宽了学生的知识面，还增强了他们的实践能力和团队协作能力。

（三）讨论式教学

讨论式教学法则为学生提供了一个自由表达、思想碰撞的平台。在武术课堂上，教师可以组织学生对某个武术话题进行深入讨论，如"武术在现代社会中的价值与作用""如何平衡武术训练与文化学习"等。通过激烈的辩论和深入的思考，学生们不仅加深了对武术文化的理解，还提高了自己的语言表达能力和逻辑思维能力。

（四）案例分析式教学

案例分析法则是将理论与实践相结合的有效手段。在武术教学中，教师可以选取一些具有代表性的武术人物或事件作为案例，如李小龙的截拳道、叶问的咏春拳等。通过详细剖析这些案例的成功经验和失败教训，学生们能够更直观地感受到武术文化的魅力，同时也能够从中汲取到宝贵的人生智慧。

（五）创新式教学

教师还应在教学过程中不断创新，寻找将思政教育与武术教学有机结合的有效方法。教师还可以利用现代科技手段，如多媒体教学、在线学习平台等，拓宽学生的学习渠道，提高教学效果。在课程设计时，教师应充分考虑如何将武术的理论与实践相结合，如何在教学中巧妙融入思政元素。例如，在讲解武术动作时，教师可以穿插讲述武术大师们的高尚品德和爱国情怀，引导学生树立正确的价值观和人生观。同时，教师还可以通过组织课外活动如武术文化节、武术比赛等，加深学生对武术文化的理解和热爱。

为了适应不同学生的学习风格和能力水平，教师还应采取更加灵活和个性化的教学策略。这意味着教师在传授武术技能的同时，也要注重对学生思想道德的塑造和个性化学习需求的满足。通过关注每一个学生的成长和发展，教师能够更好地实现武术教育与思政教育的有效融合，为学生的全面发展奠定坚实的基础。

总之，现代教学方法在武术教学中的应用不仅提高了教学质量和效果，还促进了学生德智体美劳全面发展。教师们应继续探索和实践这些先进的教学策略和方法，为培养更多具有高尚品德、深厚文化底蕴和强健体魄的优秀人才贡献自己的力量。

四、大学武术课程思政教育的评价

由于武术教学本身就具有多重的教育内涵，因此教学评价也应是多元的。传统的竞技性评价方法已无法满足思政教育评价的需求。因此，大学武术课程思政教学中，应采用多元的评价方式。

（一）习得性评价

习得性评价强调评价学生技能的习得情况，通过动态和全面的方式来观察学生的成长与变化。这种评价模式不仅关注学生技能的提升，也强调价值观的塑造和知识的全面掌握。教师在教学过程中应不断创新，寻找将思政教育与武术教学有效结合的方法，这包括在课程设计时考虑如何将武术理论与实践相结合，如何在教学中引入思政元素，以及如何通过课外活动加深学生对武术文化的理解。

（二）过程性评价

过程性评价是一种有效的工具，它建立了一个基于武术教学的互动评价体系，涵盖了课堂内外的多种活动。这种评价方式不仅包括对学生武术练习频次的客观评价，还包括同学和教师的协同评价，有助于全面了解学生学习武术后的成长和改变。

（三）主客观相结合进行评价

主观评价可以通过学生的学习报告、课堂笔记和课后反思等形式来评估学生的学习态度和理解深度。客观评价可以通过统计学生参与武术训练的频次以及他们在课程中的表现来进行。通过主客观相结合的评价方式，教师能够观察到学生在武术学习过程中展现出的精神面貌，如尚武精神、养生观念、拼搏态度和和平理念等。这些都是评价学生是否真正吸收武术课程背后价值观和文化精髓的重要指标。此外，这种评价体系还鼓励学生主动参与到武术的传播中，通过观察学生在校园内外传播武术精神的频率，进一步评估学生对于武术文化的认同和内化程度。这样的评价方法不仅能够更全面地反映学生的学习成果，还能够促进学生对于武术文化的深入理解和长期的热爱。

总之，有效、多元的评价方式可以促进大学生在武术课程中的学习和发展。这不仅加深了学生对武术文化的理解，还促进了学生的道德品质和社会责任感的发展。教师在传授武术技能的同时，也需注重对学生思想道德的塑造，通过武术教学，深化学生的文化认知和价值观的形成，实现武术教育与思政教育的有效融合。

第四节　大学健美操课程与思想政治教育的融合

一、大学健美操课程思政教育的目标

大学健美操课程的德育价值在于塑造学生具备爱国主义情感、奋斗精神、创新意识、审美素养、社会责任感、高尚的道德行为和坚定的意志力量。这些价值体现在如下几个方面。

（1）团队精神和凝聚力。通过体育活动，学生学会在团队中协作，增强集体荣誉感和凝聚力。

（2）坚持不懈和积极进取。健美操的训练中应要求学生持之以恒，培养他们面对挑战时的积极态度和进取心。

（3）追求卓越和精益求精。在健美操技能的学习和提升中，鼓励学生追求更高的标准，不断自我完善。

（4）勇于创新。健美操课程中，教师要及时鼓励学生尝试新的训练方法和技巧，激发他们的创新思维。

（5）角色转换与社会适应能力。体育活动中的角色扮演和场景模拟有助于学生适应社会中的不同角色。

（6）人际交往与协调沟通能力。团队运动中的互动促进了学生在人际交往和沟通协调方面的能力。

（7）审美能力和文化素养。审美和人文素养是体育活动中对美的追求和体验，提升了学生的审美能力和文化素养。

（8）公平竞争和规则意识。在健美操竞赛中，要强调公平竞争原则和遵守规则的意识，培养学生的法治精神。

（9）自信坚韧和不骄不馁。在竞技中，学生学会自信和坚韧，同时在胜利和失败中保持平和的心态。

（10）社会主义核心价值观的内化。理解社会主义核心价值观对个人成长的重要性，并在情感上认同，行为上践行。

二、大学健美操课程思政教育的内容

（一）在现有内容中挖掘思政元素

健美操作为一项集体性和观赏性极强的运动，其教学内容的设计不仅要注重身体锻炼和技能提升，还应该强调团队合作、公平竞争、尊重规则等思政元素的融入。

第一，教师可以通过健美操的基本步伐和组合动作教学，培养学生的协调性和节奏感，同时强调动作的规范性和团队的统一性，让学生在练习中体会集体主义精神。其次，在教学中引入健美操的创编环节，鼓励学生发挥创造力，同时教育他们尊重他人的创意和成果，培养公平竞争的意识。

第二，教师可以利用健美操的表演性质，设计一些主题性的表演活动，如围绕"团结协作""健康生活"等主题进行健美操的编排和展示，让学生在参与中学习到积极向上的生活态度和价值观。同时，通过观摩和分析高水平健美操比赛，引导学生学习运动员的拼搏精神和职业操守，从而提升他们的思想政治素质。

第三，通过这些教学设计和方法的实施，健美操课程不仅能够提升学生的身体素质和运动技能，还能够有效地促进他们思想政治素质的提升，实现体育教学与思政教育的有机结合和共同发展。

（二）在与其他学科的碰撞中发现思政元素

在思政教学理念的背景下，健美操的教学内容设计应该体现从原有教学内容中深入挖掘思政元素，这不仅是一种教学创新，也是实现教育目标的重要途径。健美操作为一种集体性、艺术性很强的运动，其动作的协调性、节奏感以及表现力，都能够成为思政教育的有力载体。

第一，健美操教学可以与艺术课程相结合，通过编排具有特定主题的健美操动作，如民族风格、传统文化等，让学生在锻炼身体的同时，增强对中华文化的认同感和自豪感。这种教学方式有助于培养学生的民族精神和爱国情怀。

第二，与音乐课程的结合也是健美操教学中思政元素融入的重要方式。音乐能够激发情感，健美操动作与音乐的结合可以增强学生的情感体验，提升学生的音乐审美能力。在教学中，教师可以选择具有正面价值引导的音乐，如激励性、团结性的音乐，通过健美操动作的演绎，让学生在享受音乐带来愉悦的同时，感受到团队的力量和集体的温暖。

第三，教师还可以设计一些以思政教育为主题的健美操课程，如"团结协作操""奋斗青春操"等，通过特定的动作和表现形式，传递积极向上的价值观和人生观。在教学过程中，教师应注重引导学生思考动作背后的深层含义，鼓励学生将个人发展与社会责任相结合，从而实现思政教育的目标。

三、大学健美操课程思政教育的方法

融入思政元素的健美操课程教学方法是一个综合性的过程，旨在通过健美操这一载体，不仅传授运动技能，还加强学生的思想政治教育，促进其全面发展。以下是一些具体的教学方法。

（一）明确课程思政目标

需要明确健美操课程中的思政目标，如培养学生的团队合作精神、爱国情怀、社会责任感等。这些目标应与健美操的运动技能目标相结合，形成综合性的教学目标体系。

（二）课程内容与思政元素的融合

1.动作与音乐的选择

选择具有中国特色或励志意义的音乐，如中国古典名曲、红色歌曲等，以激发学生的民族自豪感和爱国情怀。

在动作设计上，可以融入传统文化元素或象征性动作，如太极动作、民族舞蹈动作等，以增强文化认同感和身体表现力。

2.理论知识与思政内容的结合

在讲解健美操理论知识时，融入体育精神、健康观念、团队合作等思政内容，引导学生树立正确的价值观和人生观。

介绍健美操的发展历史和文化背景，增强学生的文化自信和民族自豪感。

（三）创新教学方法与手段

1.情境教学

创设与思政内容相关的情境，让学生在模拟情境中体验团队合作、责任担当等精神品质。

例如，通过模拟比赛、团队挑战赛等形式，培养学生的竞争意识和团队协作精神。

2.讨论与分享

组织学生进行小组讨论或分享会，就健美操课程中的思政元素进行交流和反思。

鼓励学生分享自己的学习心得和感悟，增强对思政内容的理解和认同。

3.翻转课堂

利用翻转课堂的教学模式，让学生在课前通过观看视频、阅读资料等方式自主学习思政内容。

在课堂上进行深入的讨论和实践操作，提高教学效果和学生的学习积极性。

4.互联网+教学

利用互联网和移动终端设备，开发健美操课程思政教学平台或APP。

提供丰富的思政资源和互动功能，如在线问答、学习社区等，方便学生随时随地进行学习和交流。

（四）强化实践环节与考核评估

1.实践活动

组织学生参加校内外健美操比赛、表演等活动，将思政元素融入实践过程中。

通过实践活动锻炼学生的组织协调能力、团队合作精神和抗压能力等。

2.考核评估

将思政元素纳入健美操课程的考核评估体系中，设置相应的考核指标和评分标准。通过平时表现、小组讨论、实践活动等多种方式综合评价学生的思政学习效果。

（五）提升教师思政素养与教学能力

1.加强教师培训

定期组织教师进行思政教育培训和教学方法研讨活动。

提升教师的思政素养和教学能力，确保他们能够准确地将思政元素融入健美操课程中。

2.发挥教师示范作用

教师自身要具备高尚的师德师风和良好的思想品质。

通过言传身教的方式影响和感染学生，树立良好的榜样作用。

四、大学健美操课程思政教育的评价

大学健美操课程思政的评价应聚焦于学生综合素质的提升与思政元素的融入效果。评价需考量学生是否通过健美操学习增强了团队协作、拼搏进取等精神品质，以及是否对社会主义核心价值观有了更深刻的理解。同时，评价还需关注教师如何将思政元素自然融入健美操教学中，是否有效引导学生形成正确的世界观、人生观和价值观。此外，课程思政的成效还应通过学生的实践表现、课堂参与度及反馈意见等多方面进行综合评估，以确保健美操课程在促进学生身心健康的同时，也发挥其独特的思政教育功能。

参考文献

[1] 习近平.习近平谈治国理政 第二卷[M].北京：外文出版社，2017.

[2] 陈华栋.课程思政：从理念到实践[M].上海：上海交通大学出版社，2020.

[3] 王毅.走进课程思政：思政课程引领课程思政[M].苏州：苏州大学出版社，2023.

[4] 石瑞宝.课程思政：理念、设计与实践[M].南京：东南大学出版社，2023.

[5] 陆官虎.高校课程思政工作建设研究[M].长春：吉林大学出版社，2022.

[6] 吕云涛.从理念到实践：当代高校课程思政路径探索[M].长春：吉林大学出版社，2021.

[7] 朱晓菱.高校体育课程思政设计与探索[M].上海：上海大学出版社，2023.

[8] 季锋，金晶.体育的力量：大学体育课程思政案例[M].上海：上海交通大学出版社，2024.

[9] 王斌.高校体育课程思政建设与实证研究[M].北京：北京燕山出版社，2024.

[10] 曹晓静，叶鹏.新时代高校体育课程思政的时代价值与实践路径研究[M].青岛：中国海洋大学出版社，2023.

[11] 张瑞瑛.为梦想插上翅膀：大学体育课程思政教程[M].沈阳：东北大学出版社，2020.

[12] 左为东.课程思政视角下高校体育教学模式研究[M].北京：中国纺织出版社，2022.

[13] 方武.课程思政与高校体育课堂教学的融合研究[M].北京：中国纺织出版社，2022.

[14] 付超，庞晓东，梁晓倩.课程思政教育理念引领下的高校体育教学改革与实践探索研究[M].西安：陕西师范大学出版总社，2022.

[15] 牛佳."大思政"背景下高校课程思政建设研究[M].成都：西南财经大学出版社，2023.

[16] 王旭东.新时代高校思想政治理论课教学研究[M].哈尔滨：哈尔滨工程大学出版社，2023.

[17] 寇跃灵.高校思想政治教育探索与实践研究[M].北京：北京工业大学出版社，2021.

[18] 李亚娜，梁晓倩."三全育人"背景下课程思政教学理念与实施路径研究[M].天津：天津社会科学院出版社，2023.

[19] 王稳，李晓华.承继"情义"文化：促进大学武术"课程思政"建设的有效途径[J].南京体育学院学报，2020，19（2）：71-78.

[20] 常益.大学体育的思想政治教育功能研究[D].长春：东北师范大学，2019.

[21] 霍朋.当代中国体育文化之思想政治教育功能研究[D].武汉：武汉理工大学，2018.

[22] 王爽.中国学校体育思想政治教育功能实现路径优化研究[D].大庆：东北石油大学，2014.

[23] 周颖.论体育的思想政治教育功能[D].长春：吉林大学，2013.

[24] 钱利安.课程思政视域下体育与新时代大学生思想道德素质养成的理论研究与实践调查[M].北京：九州出版社，2021.

[25] 杨嘉民.思政教育融入高校体育教学的路径探讨[J].武术研究，2023，8（2）：124-126..

[26] 温瑞，常建莲，郑好莉.新时期高校思想政治教育研究[M].北京：九州出版社，2021.

[27] 冯建军.立德树人的时代内涵与实施路径[J].人民教育，2019，（18）：39-44.

[28] 王光彦.充分发挥高校各门课程思想政治教育功能[J].中国大学教学，

2017，（10）：4-7.

[29] 吴向宁.高校体育课程思政建设的内涵、困境与推进策略[J].首都体育学院学报，2022，34（4）：384-392.

[30] 许坤，王云龙.以党的二十大精神引领大学体育德育转向研究[C]//中国体育科学学会.第十三届全国体育科学大会论文摘要集——专题报告（学校体育分会）.哈尔滨工业大学（深圳），2023：3.

[31] 杨文龙.高校武术课程思政教育路径探析[J].武术研究，2019，4（12）：72-74.

[32] 杨嘉民.我国高校以体育人的历史逻辑与时代意蕴[C]//中国体育科学学会.第十三届全国体育科学大会论文摘要集——专题报告（学校体育分会）（四）.江南大学，2023：3.

[33] 徐正旭.体育何以让"立德树人"成为可能[J].体育学刊，2019，29（4）：8-15.

[34] 杨祥全.铸魂育人：体育课程思政建设的紧迫性与自身优势探究[J].天津体育学院学报，2020，35（1）：13-16.

[35] 郑婷方.新时代大学生思想政治教育与体育教育融合育人研究[D].淄博：山东理工大学，2023.

[36] 季浏，马德浩.新时代我国学校体育改革与发展[J].体育科学，2019，39（3）：3-12.

[37] 崔丽丽，刘冬磊，张志勇.高校体育课程思政教学改革的价值意蕴、践行方向与保障机制[J].北京体育大学学报，2022，45（6）：25-35.

[38] 何心，蒋雪涛.新时代"思想政治+体育"融合教育课程发展路径研究[J].教育教学论坛，2022（21）：161-164.

[39] 姚旭东.论高校体育教学与思想政治教育融合发展[C]//中国体育科学学会.第十二届全国体育科学大会论文摘要汇编——墙报交流（学校体育分会）.首都体育学院，2022：3.

[40] 马德浩.新时代我国高校体育发展的使命、挑战与对策[J].体育学刊，2018，25（5）：5-12.

[41] 李国娟.课程思政建设必须牢牢把握五个关键环节[J].中国高等教育，2017，（Z3）：28-29.

[42] 李储涛.身体德育：学校体育的德育起点[J].上海体育学院学报，2012，32（6）：72-75.

[43] 李林，赵富学.高校体育教师课程思政建设能力培育的问题聚焦与破解路径[J].武汉体育学院学报，2023，56（9）：91-100.

[44] 肖平，刘若旻."价值塑造、知识传授、能力培养"同步提升与高校篮球课程思政教学实践[J].哈尔滨体育学院学报，2024，42（1）：15-21.

[45] 席峰.思政元素融入高校乒乓球公共体育课程的实证研究[D].黄石：湖北师范大学，2024.

[46] 张洋，张泽一，魏军.高校体育课程思政：育人特性、实践样态与行动方略[J].体育文化导刊，2022，（3）：104-110.

[47] 刘鹏.高校武术课程思政元素的挖掘与融入探析[J].武术研究，2024，9（7）：81-83.

[48] 薛欣，高永强.新时代"课程思政"理念下学校武术教育的回归与定位[J].南京体育学院学报，2019，2（5）：74-80+2.

[49] 白佳.乒乓球文化中"课程思政"元素的挖掘与实施路径研究[D].哈尔滨：哈尔滨体育学院，2023.

[50] 郭鑫遥.体育教育专业乒乓球课程思政教学设计研究[D].长春：吉林体育学院，2023.